改革开放进程中的经济学家学术自传

张卓元　高培勇　主编

刘伟学术自传

刘伟◎著

ACADEMIC AUTOBIOGRAPHY OF LIU WEI

SPM

南方出版传媒

广东经济出版社

·广州·

图书在版编目（CIP）数据

刘伟学术自传 / 刘伟著. —广州：广东经济出版社，2020.3（2021.6重印）
（改革开放进程中的经济学家学术自传）
ISBN 978-7-5454-7186-1

Ⅰ.①刘… Ⅱ.①刘… Ⅲ.①刘伟—自传 ②经济—文集 Ⅳ.①K825.31 ②F-53

中国版本图书馆CIP数据核字（2020）第026814号

出 版 人：李　鹏
责任编辑：谭　莉
责任校对：陈运苗
责任技编：陆俊帆

刘伟学术自传
LIUWEI XUESHU ZIZHUAN
刘伟　著

出版发行	广东经济出版社（广州市环市东路水荫路11号11—12楼）
经销	全国新华书店
印刷	广东鹏腾宇文化创新有限公司 （珠海市高新区科技九路88号七号厂房）
开本	730毫米×1000毫米　1/16
印张	13.75
字数	148 千字
版次	2020年3月第1版
印次	2021年6月第2次
书号	ISBN 978-7-5454-7186-1
定价	98.00元

广东经济出版社网址：http://www.gebook.com　微博：http://e.weibo.com/gebook
图书营销中心地址：广州市环市东路水荫路11号11楼
电话：（020）87393830　邮政编码：510075
如发现印装质量问题，影响阅读，请与承印厂联系调换。
广东经济出版社常年法律顾问：胡志海律师

《改革开放进程中的经济学家学术自传》丛书

编辑委员会

《改革开放进程中的经济学家学术自传》丛书分册名录

（按姓氏音序排列）

1.《白重恩学术自传》
2.《蔡昉学术自传》
3.《常修泽学术自传》
4.《陈东琪学术自传》
5.《陈锡文学术自传》
6.《迟福林学术自传》
7.《樊纲学术自传》
8.《范恒山学术自传》
9.《房维中学术自传》
10.《高培勇学术自传》
11.《高尚全学术自传》
12.《郭克莎学术自传》
13.《洪银兴学术自传》
14.《黄达学术自传》
15.《黄群慧学术自传》
16.《贾康学术自传》
17.《江小涓学术自传》
18.《金碚学术自传》
19.《李实学术自传》
20.《李晓西学术自传》
21.《厉以宁学术自传》
22.《林兆木学术自传》
23.《刘诗白学术自传》
24.《刘世锦学术自传》
25.《刘树成学术自传》
26.《刘伟学术自传》
27.《马建堂学术自传》
28.《彭森学术自传》
29.《宋晓梧学术自传》
30.《田国强学术自传》
31.《王梦奎学术自传》
32.《王一鸣学术自传》
33.《魏杰学术自传》
34.《魏礼群学术自传》
35.《乌家培学术自传》
36.《吴敬琏学术自传》
37.《杨瑞龙学术自传》
38.《张军学术自传》
39.《张军扩学术自传》
40.《张晓山学术自传》
41.《张燕生学术自传》
42.《张宇燕学术自传》
43.《张卓元学术自传》
44.《赵人伟学术自传》
45.《郑新立学术自传》
46.《周叔莲学术自传》

总序

Preface

盛世出华章。中国的改革开放是一场波澜壮阔、前无古人的伟大社会变革，也将是世界经济发展史上的瑰丽篇章。中国经济学家在这场伟大变革中，或贡献了智力，或参与了实践，无论是参政建言还是学术构建，均厥功甚伟。

在我们先后迎来改革开放40周年和中华人民共和国成立70周年之际，为了记录并彰显中国经济学家的历史贡献，为中国特色社会主义事业进一步发挥智慧的力量和作用，同时借以勉励后学筑梦前行，我们组织并编辑了这套《改革开放进程中的经济学家学术自传》丛书。

这套丛书的出版设想，最初由广东经济出版社提出。在此之前，得力于中国社会科学院经济研究所张卓元教授等的大力支持，该社曾于2009年编辑出版《影响新中国60年经济建设的100位经济学家》丛书。那套丛书产生了良好的社会反响，也获得了较高的学术评价。弹指一挥间，又是一个十年，共和国迎来了70华诞，改革开放也逾40周年。在这样一个特殊的背景下，广东经济出版社邀请张卓元教授和高培勇教授领衔，由《经济研究》编辑部具体负责，组织、编辑一套集中反映改革开放进程中的经济学家学术探索和心路历程的丛书。

认识到这是一件颇具眼光、很有意义的事情，于是，便有了读者眼前这套《改革开放进程中的经济学家学术自传》丛书编辑出版工作的启动。

中国经济改革与发展的伟大实践，为中国经济学家的成长提供了肥沃的土壤。要从这些灿若繁星的经济学家中推选出大家比较公认的富有影响力的经济学家，并不容易。怎样推选？推选多少？具体标准是什么？如何约稿？丛书的体例又该如何把握？这一系列相关问题接二连三地提至我们面前。

为此，在初步拟订编辑出版方案的基础上，由张卓元教授和高培勇教授主持，邀请部分专家召开了小范围的论证会议，就组建丛书编辑委员会以及丛书编辑出版的一系列相关问题听取意见，进一步完善方案。

紧跟着，2017年6月25日，丛书编辑委员会会议在北京举行。出席会议的委员共有19位（按姓氏音序排列）：白重恩、常修泽、陈东琪、陈锡文、迟福林、高培勇、郭克莎、黄群慧、金碚、李晓西、刘伟、彭森、宋晓梧、田国强、魏礼群、吴敬琏、张军扩、张燕生、张卓元。因故请假、提供书面意见的委员有10位（按姓氏音序排列）：蔡昉、曹远征、贾康、李实、李扬、厉以宁、林毅夫、刘世锦、钱颖一、张军。

这次编辑委员会会议就如下一些重要问题形成了高度共识：

第一，关于丛书的意义。委员们高度认可丛书的编辑出版工作，认为这是一项富有重要历史和现实意义的出版工程。

第二，关于丛书入选者的标准和数量。委员们认为应本着宁缺毋滥、质量为先原则，以对改革开放事业的某个特定领域做出实质性贡献或产生实质性影响的经济学家为重点，入选者宜掌握在60位左右。

第三，关于丛书的体例。基于凸显学术价值和史料价值的考虑，委员们认为学术自传宜涵盖作者的学术成长历程、作者对改革开放事业某个特定领域的研究成果和学术贡献、作者对特定领域改革前景的展望等方面内容。

第四，关于丛书的读者对象。委员们认为应主要面向青年学者以及学生，谈人生经验、述理想情怀，激励广大青年学者和学生确立奋斗的目标、发展的方向和成功的路径。

第五，关于丛书的文风。委员们主张学术自传应具有较强的理论性、学术性，同时文笔流畅、深入浅出，具有一定的可读性。

在经过充分讨论形成的候选经济学家名单基础上，与会委员按照获得半数以上多数票入选的规则，以无记名投票方式表决确定了65位入选者。

会议还决定，请因故请假的委员继续对候选经济学家名单通讯投票，并根据此项流程的统计结果，提请全体编辑委员会委员再进行一次通讯评审，最终确定丛书入选者为68位。

由此产生的《改革开放进程中的经济学家学术自传》丛书入选作者为（按姓氏音序排列）：白重恩、蔡昉、曹远征、常修泽、陈东琪、陈清泰、陈锡文、迟福林、樊纲、范恒山、房维中、高培勇、高尚全、郭克莎、郭树清、韩俊、洪银兴、华生、黄达、黄群慧、贾康、江小涓、金碚、李剑阁、李京文、李实、李晓西、李扬、厉以宁、林毅夫、林兆木、刘国光、刘鹤、刘诗白、刘世锦、刘树成、刘伟、隆国强、楼继伟、马建堂、彭森、钱颖一、宋晓梧、田国强、王梦奎、王一鸣、魏杰、魏礼群、乌家培、吴敬琏、吴晓灵、杨启先、杨瑞龙、易纲、余永定、张军、张军扩、张维迎、张晓山、张燕生、张宇燕、张卓元、赵人伟、郑新立、周其仁、周叔莲、周小川、朱玲。

在确定入选者名单之后，《经济研究》编辑部立即展开了组稿工作，共有46位入选者接受约稿。在这一过程中，入选的经济学家或其家属、秘书、好友等，对我们的工作给予了热情的支持，在百忙之中积极准备所需要的文献，其认真精神令人感动。应该说，没有他们的积极响应和大力支持，这套丛书是难以按时按质完成的。

由于入选的经济学家大多是名人、忙人，有一部分老作者也已年届九十高龄，约稿的工作量及其难度可想而知。一些作者提出暂不能写作，这多少令我们感到些许遗憾。其间也有许多感人的情景要告诉读者们：常修泽先生于2018年夏天在吉林延边的一个小镇闭门两三个月专事自传写作，在整个写作过程中数十次与编辑部和出版社沟通，包括内容完善、结构设计和一些合理性建议等诸多细节，并且在约定期限内交稿给编辑部；九十五岁高龄的黄达教授在写作过程中十余次通过电话或电子邮件与编辑部讨论写作重点和风格；乌家培、林兆木、王梦奎等老先生也是不厌其烦，反复就文字沟通润色；周叔莲先生在去世前一周还给编辑部打电话，告诉编辑自己已经基本完成了书稿的写作，并详细介绍了自己的写作过程和感想，我们至今忆此仍为之动容。在这些难得的沟通中，我们一次次被感动。

随着此套丛书的陆续编辑出版，我们越来越强烈地体会到了这项工作的意义和价值：

入选这套丛书的作者，系改革开放进程中的经济学家，他们的知名度较高，社会影响较大。这套自传体丛书，是对他们的代表性研究成果、学术贡献、成长历程及人格魅力的一个集中展示。对于广大读者特别是青年学子来说，这无疑是一个难得的学习、了解我国经济理论和现实问题的机会。

这些经济学家在各自的学术领域都是佼佼者或领军者，他们学术素养深厚、学术成就卓越。他们在自传中大多以第一人称娓娓道来，讲述了自己的家国情怀与学术成长经历，为记录我国改革开放历程留下了第一手资料。从经济史和思想史的角度看，这应该是非常有史料价值的研究文献。

众多大家的纸上风华，既映射出中国改革开放40多年取得的巨大成就，也是对中国改革与发展经验比较系统的总结。正如习近平总书记所指出的："从我国改革发展的实践中挖掘新材料、发现新问题、提出新观点、构建新理论，加强对改革开放和社会主义现代化建设实践经验的系统总结，加强对发展社会主义市场经济、民主政治、先进文化、和谐社会、生态文明以及党的执政能力建设等领域的分析研究，加强对党中央治国理政新理念新思想新战略的研究阐释，提炼出有学理性的新理论，概括出有规律性的新实践。这是构建中国特色哲学社会科学的着力点、着重点。"应该说，本套丛书的作者们用生动而精彩的人生与学术追求，践行了这一重要要求。

这套丛书的编辑出版与《经济研究》编辑部各位同仁的努力也是分不开的。他们通过电话、短信和邮件等方式不断地与作者或其家人、秘书等进行沟通。参加组稿和审稿工作的人员有：郑红亮、刘霞辉、张永山、唐寿宁、王利娜、谢谦、金成武、孙三百、陈小亮、欧宏、王红梅、刘莹、曹帅。

广东经济出版社的领导和编辑在本丛书的出版过程中也做了大量的工作，正是有了他们的努力，这套丛书才能得以顺利与读者见面。

特别值得一提的是，这样一套组织工作浩繁的大型丛书，见证了《经济研究》编辑部与广东经济出版社值得称道的团队合作精神。编辑部的张永山、王红梅同志和广东经济出版社的编辑团队从始至终为丛书的组织沟通、约稿、文稿整理付出了大量的心血，他们的耐心和一丝不苟的敬业精神令人称道。

这套丛书就此付梓了，回望中国改革开放的辉煌岁月，携手丛书作者对祖国的拳拳心路与期待，我们略感欣慰！但由于时间仓促，加之我们的水平有限，书中的不足和错误之处在所难免，敬请广大读者批评指正。

《改革开放进程中的经济学家学术自传》丛书编辑委员会

2019年10月

作者简介

刘伟

经济学博士，教授，博士生导师，现任中国人民大学校长。兼任国务院学位委员会委员、教育部高等学校经济学类专业教学指导委员会主任委员、中国人民银行货币政策委员会委员。中国人民政治协商会议第十三届全国委员会常务委员、中国人民政协理论研究会第三届理事会副会长。

主要学术研究领域包括：政治经济学中的社会主义经济理论，制度经济学中的转轨经济理论，发展经济学中的产业结构演变理论，以及经济增长和企业产权等问题。发表学术论文逾三百篇，出版学术著作数十部，获得多项重大学术奖励。2005年被聘为长江学者（特聘教授）。

目录

第一章

我是怎样走上学术道路的

一　从北大荒到北大

我家祖上更远的情况不了解，但从我爷爷到我父亲这两辈应当说是没有什么人读过书。我祖籍在山东沂蒙山下的蒙阴县，这个小县城没有多少知名度，却有一块著名的石头，叫作“孟良崮”，是当年国民党整编七十四师被歼灭的地方。我父亲年岁不大时就投奔了八路军。抗日战争时沂蒙山一带是拉锯地带，形势非常复杂，今天过八路军，明天过伪军，后天过鬼子，还时不时有各路司令来往。在我父亲三岁的时候，我爷爷就去世了（准确地说是失踪了）；我父亲八岁的时候，我奶奶也去世了。我父亲有两个哥哥，即我有两个伯父，那时应当也不大，管不了他，我父亲是跟着我姑奶奶，就是他姑姑生活了几年，后来长大了，为找口饭吃就去当兵。当时没有什么革命觉悟，也不知道投奔谁，恰好那天过的是八路军，他就很幸运地参加了革命。

我父亲命大，除了腿上中了一枪外，头部两次负伤，眼睛打没了一只，是被日本人用手榴弹炸的，弹片一直没取出，他晚年时我陪他外出，坐飞机安检时，总有动静，年龄大了也就不再做手术取出了。牙基本没了，嘴上中过一枪，从口中横穿出去打掉的。他不识字，新中国成立后组织上送他到上海部队办的扫盲班学习过两年，读报写信还可以，后来给我写信，每封都不长，字不多但笔画多。他扫盲那会儿文字还未简化改革，学的还都是繁体字，想来学得也挺辛苦的。应该是在那时由组织介绍认识了我母亲。我母亲家是在安徽枞阳县，过去是桐城的一部分，山山水水间留下不少文人墨客的痕迹。后来我母亲随我父亲南下，在河南商丘一带驻军剿匪、镇反，我就出生在商丘。商丘是古城，也是几省的交汇处，当年匪患挺严重的。

从我出生到中学毕业，算上从出生地商丘到我姥姥家的几年，尔后跟随父母迁移，我至少经历过五次搬家。1969年随父亲下放，从黑龙江省佳木斯市，来到当时的沈阳军区黑龙江生产建设兵团三师二十团，在那儿我度过了几年中学时光。我在“文革”后期的中学虽然学了点东西，但是支离破碎，而且很多时间不是用于学习，而是用于各种形式的劳动及活动。比起现在的中学生，学习上轻松许多，而且我也乐于在大自然中闲耍，所以那几年中学生活真的是挺开心、挺新鲜的。1974年高中毕业到连队（生产队）做农工，是在五营五连。

图1　在北大荒时

我开始接触一点社会科学知识或者说书籍是在1975年后，从连队被抽调到营部政工组做宣传工作。1975年是“文革”快结束的年代，毛主席号召大家读马列的著作，包括政治经济学等。我作为营部政工组的宣传干事，自然要接触这方面的事情，有时要写点稿子作为宣传报道，有时还要给人讲讲课，因此自己首先要学点东西。于是，我开始读《共产党宣言》《哥达纲领批判》《国家与革命》《反杜林论》《英国工人阶级状况》等，更多的是读毛主席的著作，特别是《实践论》《矛盾论》等，也读马克思的《资本论》这样的大部头，只是许多都不懂，更谈不上理解。但我当时有一些特别的条件。一是政工组有个不大的资料室，藏书不多，但对于我来说足够读了。我负责掌管那个小房间的钥匙，这在那个书荒年代是难得的。二是政工组有几位老同志理论水平挺高，足以做我的老师。其实黑龙江生产建设兵团真的是藏龙卧虎，且不说后来的北京、上海、哈尔滨等各地知青中汇集了多少能人，就是从抗美援朝战场上下来的老铁道兵和1958年由全国各地转业来的10万官兵以及反右派斗争中下放来的“右派”中，就有许多精彩的故事和创造故事的人。三是周边有一批年轻人，主要是来自各地的知青，都有着挺强烈的对哲学社会科学的兴趣，特别是有着深厚的对现实的批判性思考倾向，大家常在一起讨论问题。其实那时人们在思想交流上还是挺活跃的，对思想交流也挺渴望的，特别是时不时掺杂着那个时代特有的、据说是来自北京的种种消息，大家对在一起讨论是蛮有兴趣的。这些对我的影响是深刻的，那时我不到20岁，正是世界观形成的关键时期。在这期间，我还有过一次较集中的系统学习机会。1975年下半年，为配合当时中央的要求，全面推进学习“无产阶级专政下继续革命”的理论，黑龙江生产建设兵团决定举办一期骨干培训班，从各个团抽调一至两名理论学习骨干，集中到兵团主办的“八一农大”（当年王震将军创办的、现在的黑龙江八一农垦大学）学习一个学期（近四个月），主要学习内容是马克思、恩格斯、列宁、斯大林、毛泽东的政治经济学理论和思想。虽然当时学习的指导思想是服务于那时的历史需要，但是通过集中的学习，对于我来说，还是较系统地接触了一些经典作家的政治经济学著作，并初步认识到其中的思想内容，虽然并不深刻甚至理解不正确，但的确是难得的学习机会。后来还有一些零散的学习，有时集中到团部、师部接受上级宣传理论部门组织的培训，有时参加黑龙江大学组织的函授面授课堂教学。内容当然是具有较强的那个时代的历史特色：学习当时中央理论宣传管理部门编发的马恩经典著作语录，即著名的“33条”；讨论批判资产阶级法权；分析为什么毛主席所说的资产阶级走资派还在走资本主义道路；分析为什么阶级斗争转化为同党内走资本主义道路当权派的斗争；等等。虽然谈不上深入系统地学习，甚至包含很多错误，但确实让我增长了知识和兴趣。

1976年，中国发生了许多历史性的事件。先是发生了唐山大地震等自然灾难。然后是毛泽东逝世，在此之前周恩来、朱德等老一辈革命家先后逝世，给中国的政治带来深刻的冲击。接着党中央粉碎了“四人帮”，标志着一个旧时期的结束、一个新时期的即将开启。很快国家政治生活的变化，直接影响到我们个人的命运，1977年邓小平拍板，决定恢复高考！这真是令人难以置信的喜讯，从此多少人的命运得以改变！我是在黑龙江生产建设兵团三师二十团五营报名参加高考的，记得是在1977年国庆节后报的名。当时真是心中无底，不知道该复习什么，也没有多少复习资料，仓促间能找到什么书就先看什么书，只是那时年轻记忆力好，看过后忘的少。黑龙江省那年参加高考的考生尤其多，除自1966年“文革”后（“5.16”通知后）省里整整12届未曾有过高考机会的学生外，还有来自全国各城市的知青，其中绝大部分集中在兵团，无奈之下，那年黑龙江省高考分初试和复试两个阶段进行。初试在11月中旬（11月14日前后），初试成绩合格后才能获得复试资格（12月24日、25日两天）。由于这是恢复高考后的第一届，各方面准备不是很充分，难以做到全国统一高考（1978年才首次恢复全国统一高考），只是分省进行的命题和考试。1977年黑龙江省应该是全国最后完成高考的一个省，记得高考完最后一门课（1977年12月25日下午），当晚20时全国各地媒体就播发消息，称全国高考结束。

在高考前填报报考志愿书时，其实没有什么专业认识上的自觉，也谈不上对哪个专业有特别的兴趣。不像现在的孩子填写高考志愿时，由于种种机会反而陷入选择上的痛苦（我称之为幸福的痛苦）。我，也包括我周边的伙伴和朋友，参加高考最重要的不是选择专业，而是考上后拥有了城市户口，只要能考上就行。我初试的分数挺高，被告知若不参加下一步的复试，以我初试的成绩可直接选择上中专。和我情况类似的朋友就有直接选择中专、进城的。我挺羡慕，但又有不甘，想想既然好不容易有机会高考，干脆就再参加复试试试，考不上回头再试。报的志愿挺乱的，第一志愿报了北京大学图书馆系，后面好像还报了南京大学历史系、黑龙江大学哲学系等，大都是人文类的。不是在专业选择上有倾向，而是实在不懂。说起来挺不高大、挺现实的。报北京大学图书馆系，首先是那年北京大学在黑龙江省的招生名录中有这一个专业。另外，我以为学成后，将来在图书馆工作，读书是不用愁的，这对于我们那一代经历过书荒和四处借书换书读的年轻人来说，是件非常奢侈的事情。再者，我当时想只有在城里才能建图书馆，只有大城市才能用北京大学图书馆系毕业生去管图书馆，所以一旦被录取，毕业后肯定能在大城市工作。

接到录取通知书，看到上面写的是北京大学经济系政治经济学专业普通班本科生。估计是复试成绩不是很好，所以报考的第一志愿——图书馆系没录取，被调到经济系的。那时的经济学远不像这些年来的情况，本来经济学就其学科特点而言，就是沉闷的，多逻辑而少激情，多哲理而少浪漫。再加上中国很长时期，特别是在新中国成立后的较长时期里，不以发展经济为中心工作，“文革”十年更是把发展经济作为“唯生产力论”加以口诛笔伐，经济学被忽视是很自然的事情。我虽然知道有“政治经济学”，但不知道大学里设有经济学系，对所谓的“经济学系”也没什么了解，不知要学些什么，甚至对录取通知书上写的“普通班本科生”的含义也不清晰。有“普通班”，是不是还有“特殊班”？

“本科生”，何谓“本科生”？挺茫然的。带着这种茫然与疑惑，我在1978年春进入北京大学经济学系。当时是在北京大学大饭厅（现在的百年大讲堂）迎接新生，我见到迎新老师（我们后来的班主任）后问的第一个问题就是经济学学什么。本科四年真的非常刻苦，不光我，整个77级，整个中国，在经历了“文革”后，都开始疯狂地学习和追赶。我也从此走上了学习和研究经济学之路。

图2　在北大读本科时

二　北大的老师

有趣的是，大学本科四年下来，我们没有一本公开出版的教科书。专业方面自不必说，没有一本出版的教科书，甚至外语课也是用老师刻钢板油印的活页，而且是每堂课后发下一堂课用的部分活页。有一门课是《世界经济地理》，需要画很多地图，主讲老师是陆卓明先生，讲义是他一笔一笔刻钢板油印出来的，地图也是手工刻画的，真不容易。陆先生的课讲得精彩极了（他已经走了许多年，前几年他的学生们还聚在一起怀念他，并为他出版了纪念文集，我受邀出席发行座谈会并讲话）。在当代大学没用过一本公开出版教科书的本科生，可能就只有我们了。那时百废待兴，但这种状况也从另一方面成就了我们，使我们看了大量的参考文献和教材之外的东西。还有一件趣事是，在我们全部的课程中，几乎没有一门课的讲授是由一个老师从头至尾全部承担的，大都是由几位老师合作的。记得《政治经济学（上）》是由萧灼基、傅骊元、王茂根、张秋舫、范中民、何绿野等老师讲授，《政治经济学（下）》是由张友仁、刘方棫、李克刚、解万英、智效和、睢国余等老师讲授，《当代西方经济学》则是由胡代光、厉以宁、范家骧、刘文忻等老师讲授，《外国经济学说史》是由陈岱孙、靳兰征、晏智杰、商德文等老师讲授，《世界经济》是由洪君彦、张康琴、朱培兴、张德修、巫宁耕等老师讲授，《中国经济史》是由陈振汉、熊正文、李德彬、蒋建平等老师讲授，《中国经济思想史》是由赵靖、石世奇、陈为民等老师讲授，《部门经济》是由杨勋、张国有、何凤琴等老师讲授，等等。其他课也大都如此。这一方面可能是拨乱反正初期我们的老师需要时间备课，另一方面也使我们有机会领略了几乎全部当时经济学系的老师的风采。这里的老师，可以毫不夸张地说，真是风采不凡，个个都有一段吸引人的故事。

先说陈岱孙先生，大家都称他岱老。出身名门，叔祖陈宝琛曾任晚清皇帝的老师，家族中曾出过两代三人同科中第的盛事。岱老5岁发蒙，自幼饱读经书，旧学功底十分扎实（我曾读过岱老写的一篇散文，题目好像是《闽江号子》，写的是游子回乡，居闽江畔，回想当年的心境，文笔棒极了），后考入清华留美班赴美读书，获哈佛大学经济学博士学位后回清华大学任教（据说曾获哈佛大学“金钥匙”）。20世纪20年代，岱老曾任清华大学法学院院长，抗战爆发后去了西南联大。抗战胜利后岱老是作为清华大学的接收大员，最先回北平（京）接收资产的。岱老当时曾写信给时任北京市长的何思源，为清华大学要一块农田给农学院作试验用，要成了，就是现在北京农业大学那片地。又要圆明园，作为清华大学新校园的一部分，没有要成，为此，岱老曾致信当时的清华大学校长梅贻琦先生表示遗憾。2000年岱老百年诞辰时，在北京大学召开的纪念会上，清华大学出席会议的老师还专门从文档馆里找到了当年岱老给何市长的信，并在会上讲了信中提到的事情（直到20世纪90年代初，岱老还叮嘱我可以再以北大、清华的名义要，若能要下来，北大校园可真就更不一般了）。当时就流传梅先生办清华依靠“两孙”：一为叶企孙（主管教务），二为陈岱孙（主管总务）。岱老不仅是大学者，而且是很有行政能力的，只是后来再没显示这种能力而已。岱老从20世纪50年代中期来到北京大学经济系一直到1997年离开，其间任系主任，直到1985年经济系改建为学院之前。岱老在1949年之前写过不少深刻的文章，特别是批评蒋介石政府的通货膨胀等文章，也在当时国民党政府中央研究院拟聘院士名单上。在朝野上下，他是十分受人尊重的。岱老的课讲得精彩、干净、儒雅。听得来，学不来。岱老的高贵是令人震撼的。好像是1988年夏天的一个黄昏吧，我和新乔兄（现在北京大学经济学院的平新乔教授）在未名湖边遛弯，夜色里看见前边好像是岱老在散步，看背影的气度像，但依稀看见穿的蓝色上衣袖子上一大块洗得泛白的补丁，又觉得不相称。那时国家虽还很贫困，但在北大校园里穿补丁衣服的人的确已是很少见了，我们追上去一看，真的是岱老。那块补丁，那份气度，在岱老身上是那么美妙地融为一体，当时真令我感动，直到今天也忘不掉。岱老在20世纪80年代初，我们刚入学不久，代表学校主持接待来访的墨西哥总统，从北大南校门向北走到图书馆东门，我们学生在西边夹道欢迎，那天岱老穿了件黑色呢质中山装，拄一拐杖，陪墨西哥总统一路走过来，典雅、淡定，真是难以用语言表达。相形之下，我们同学甚至半开玩笑半当真地说，这到底谁是总统啊。1997年岱老仙去时，主持丧事的岱老外甥女唐斯复女士曾问我，岱老穿什么衣服走。我给她讲了上面的故事，后来岱老就是穿那件黑色中山装去的。我们去送他，见到的还是那份从容、高贵、安详。这是骨子里的气质，有了这种气质，即使着补丁衣也是任何华丽无可比拟的，即使睡去也还昭示着大雅。前几年，岱老的后辈写了本传记式的著作，怀念岱老，反映的是从1900年到1952年岱老的生活和事业，取名《孤帆远影》。作者赠了我一本，读下来：故事真亲切，书名真贴切。

经济系还有一位很有意思的老先生，熊正文教授，他主要研究中国经济史。给我们上课时，但凡提到政府皆称“当局”，提到共产党则称“贵党”，一派老式旧学的学究气。据说年轻时曾给时任北大校长的胡适先生做过助手（秘书之类），新中国成立之后北大重新聘评教授职称时，他由原来的教授被下聘为副教授（好像是当时北大唯一的一位下聘者），他在90多岁高龄去世时，依然是副教授。熊先生学问做得很执着，他有一课题组，是做“清实录”研究的，课题组坚持做这一项目65年，“文革”期间为保护所做的卡片，熊先生等人把相关资料藏在家中地板下，以防红卫兵抄家受损。改革开放后，陆续整理出版了一部分。若干年前过春节，课题组还有三位老先生在世，其中最年轻的殷汉章先生当时也已有89岁，其他两位都在90岁以上（其中一位是陈振汉先生，当时93岁），他们还聚在一起录了一段聚会的影像，说是年事已高不能来院里参加会议，录了一段片子给大家助兴。课题组的老先生们走时，这个项目大约完成了三分之一，此前90多岁的陈振汉先生给当时的许校长写信，希望学校支持这一项目，许校长把信转给了我（我当时任北京大学经济学院院长），我安排了一笔经费和专门的博士后招生计划，由萧国亮教授牵头，从老先生们手里把项目接了过来，主要是从熊先生手中接过他们做的卡片和整理的文献，初时熊先生尚多有不舍，毕竟几乎是一生的心血。后来熊先生也想通了，很支持，现在进展顺利，可能再有若干年就能做完项目了。对熊先生来说，差不多可以说穷尽毕生精力于这一项目上了。现在抱这种研究态度的学者越来越少。熊先生父辈是晚清的大官，据说做到封疆大吏（山东巡抚），所以家中颇殷实，尤其是有些字画古董，也有金银财宝，“文革”期间红卫兵抄家时抄走了不少，许多一直未找回，但家中总还是有些底子的。20世纪80年代初，北大图书馆翻修时，熊先生曾捐出过两幅郑板桥真迹，有人说熊先生是北大首富，对此我没有考证过真伪。但我的确问过熊先生，是否有人们所说的那些宝贝。老先生没直接回答，只是调侃说，金银财宝是见过些的，那是由家父“监守自盗”而来的。熊先生极朴素，朴素得让人难以理解，常年穿着打了补丁、洗得发白的衣裤，春秋时节还常戴一顶单帽，但帽子顶上是破的，甚至常在垃圾箱里捡人们扔的菜叶，说是洗洗照样可以吃。家里堆的都是书和报，进房间没法走，要跳来跳去找插脚之地，乱极了。我真的不知道熊先生为何这样。熊先生写得一手好字，有一段时间《经济科学》杂志的刊名用的就是熊先生题的字，比当今许多著名书法家写的要棒。

陈振汉先生是北大经济系极富智慧的老师，学术造诣很深。陈先生算下来应是岱老的学生，20世纪30年代岱老在清华大学任法学院院长兼经济学系主任，作为主考官，选拔清华留美学生，陈振汉先生获选并赴美读书，后获哈佛大学经济学博士学位。在他的导师中就有熊彼特这样的老师。陈先生携夫人崔书香先生（崔先生随陈先生一道留学，获哈佛大学经济学硕士学位）回国，当时清华、北大、南开三校已南迁组建西南联大。陈先生夫妇奔赴西南联大，岱老热情地接待了他们，倾其一月薪水在物资奇缺、物价极高的昆明，请他们吃了“满满一桌子菜”，令他们终生难以忘怀（崔书香先生回忆岱老文章语）。留校任教后，陈先生一直在北大，直到去世。在20世纪50年代中期，陈先生曾任北京大学经济系主任，后在反右派运动中被打成“右派”，不仅系主任不能再当，而且连教学资格也被剥夺，被调到经济系资料室工作。后来陈先生的学术研究主要集中在经济史领域，包括中国经济史和外国经济史等方面的研究。给我们主讲的课程是比较经济史研究，侧重于方法论方面。在本科和研究生学习期间，除上课外，我与陈先生并无机会有更多接触。我硕士生毕业时（1984年），因此前在《预测》杂志上发表过运用

图3　看望陈振汉先生、崔书香先生

统计方法对中国未来经济发展的某些问题进行分析的文章，虽然文章并不咋样，但被崔书香先生注意到，所以时任中央财经学院（后为中央财经大学）统计研究所所长的崔先生想让我毕业后去她那儿工作。后因我留校任教而未成，但从此我与陈先生、崔先生夫妇有了更多接触的机会，特别是我后来留校任教，先后任经济学院副院长、院长多年，与陈先生的接触便更多了起来。

陈先生招收的第一位博士研究生郑维平，是我的大学同窗好友。通过他我对陈先生的一些事情就有了更深入的了解。陈先生曾给他出过一个博士学位论文题目：近代以来输入中国的鸦片量究竟有多大？维平兄去查找资料，从北大图书馆到北京图书馆再到中国社会科学院经济研究所资料室（经济研究所的严中平先生是同陈先生齐名的经济史学大家，其所在单位积累了大量的经济史学学术资料，也聚集了一批优秀的经济史学者，有些还是陈先生教过的北大毕业生，如经君健先生、宓汝成先生等，我读研究生时，他们都给我们讲过课），还到中国海关资料部门查阅海关记录，花了不少工夫。但因中国近代以来，曾禁鸦片进而禁海（片板不得入海），其间大量鸦片输入应当是通过走私，所以根本没有正式记录，无从计起。于是陈先生让维平兄去查东印度公司同期有关资料，但走私货物在公司账上并无直接目的地的反映，往往是直接目的地为输入鸦片合法国，但实际去向却是中国，账上无从查起。陈先生再告诉维平兄，可查同期中国土匪史，特别是查土匪规模，因当时除正规兵外，土匪或非正规养兵经费主要靠贩鸦片，从某种程度上说，鸦片在当时有硬通货的味道，这样可根据土匪规模来推算该时期中国经济中的实际鸦片量。但土匪史的资料太缺乏（曾找到一部英国人写的，反映民国阶段的《中华民国土匪史》），维平兄奔跑几个月下来并无所获，遂向陈先生汇报：无果。陈先生听后说，早知道会是这样。那么为何还要去做？陈先生说：一是这个题目意义大。在中国近代史研究上一个非常有影响的（也是正统的）观点是，由于鸦片大量输入，导致白银外流，使中国在经济上被奴役，进而使中国沦为半殖民地半封建社会。但在学术上对鸦片究竟输入多少，输入鸦片量究竟占中国国民经济多大比重，怎样传导影响到中国经济的各个方面等问题，均未有科学的研究和严谨的计量，或者说作为判定中国社会性质演变根据的只是一个假说而未得到证实。二是这个题目难度大。如此重要的命题之所以长期未得到证实或证伪，表明其困难程度之高是难以想象的，至少传统的治学方法难以完成。那么既然难以完成，为何还要尝试呢？陈先生说，尝试能有突破固然好，尝试无果也好，让你们了解做学问的艰难，让你们熟悉查找资料的路径，让你们思考经济史学研究方法上的变化。陈先生最后特别强调，这是一种学术训练，是博士研究生教育必需的方法论方面的训练，是明知会无结果但必须进行的训练。

这里包含着陈先生对学生的殷切期望，也包含着培养学生的匠心所在。我后来一直从事学校教育工作，从1984年在北大任教到2015年调入中国人民大学，再到现在，已从教整整34年了；从1994年开始招收博士研究生，也已招收24届了。陈振汉先生指导博士生的这个故事、这份心血，我始终记得，并不时拷问自己：作为老师，为着培养学生，先不要说具有多少智慧，而要讲能有多少这样的精心？

石世奇先生是位令人尊敬的老书记、老院长。记得我们77级入学的时候，石先生任经济系党总支书记（1985年组建经济学院前的经济系党组织为总支），后来先后任过经济学院党委书记和院长，直到1992年卸去院长职务。在“文革”结束后的拨乱反正时期，在改革开放新时期的特殊年代，石先生为北大经济学院（1985年前为经济系）的改革和发展作出了巨大的努力，付出了极大的智慧和心血，只要理解那段历史，就不难懂得其中的艰辛。当然，对于这些，我作为学生和刚留校的青年教师，当时并不清楚也不是十分理解，只是到后来才逐渐有些体会。

作为学生，与石先生面对面接触较多的机会是在教室的

图4　看望石世奇先生及其夫人

课堂上，在我读书时，石先生给我们讲授中国经济思想史专题课。当时，这门课程由教研室主任赵靖先生主持，石先生主讲其中部分内容，战国后期韩非子的经济思想，就是由石先生主讲的。我这个年龄的人由于受到“文革”的冲击，没受过系统的中学教育，对中国旧学的知识更是不懂，但在那个特殊的年代，或是“批林批孔”，或是“抑儒扬法”，跟随“大批判”的时代潮流，支离破碎地接触到了些许古代思想家的著述。我对韩非子并不完全陌生，知道他虽是荀子的学生，但却不属儒家，善著书，有许多文章，后人将其集成《韩非子》，收录了55篇文章，成为法家的代表作，形成韩非子独特、系统、完整的法家思想体系。当然，我知道得极有限，并且是出于开展“大批判”活动的需要去解读的。在石先生的课堂上，我才真正开始以学习的态度接触韩非子的思想。石先生特别提醒我们，韩非子的经济思想中有一重要观点不同于一般思想，即并不简单地强调“富庶”，尤其是在其人口思想上，并不一味地主张“庶”，不是人口越多越好。据石先生讲，这一观点，在中国古代思想史上只有极个别思想家主张（除韩非子外，好像还有司马光）。在韩非子看来，过去道德水平高，“上古竞于道德”，从经济的角度考虑，其根本原因是人口少，财富多，生活自然和谐，即大自然恩赐富足；“人不事力而养足”，但若人口增长速度过快，土地却不会增加，大自然的恩赐不随之扩大，人们就顾不得讲道德，而要争夺，出现“当今争于气力”的局面。石先生的讲述引发了我对韩非子经济思想的兴趣，记得那个学期的中国经济思想史考试，要求考生选择一个题目写一篇读书札记，我写的便是《韩非子的人口思想》，交上去后，石先生在卷子上做了热情的肯定，原话我记不清了，只记得成绩是“5+”。

令我更加受益的不是在课堂上形成了对韩非子经济思想的兴趣，而是石先生据此引发的讨论。他讲，在中国历史上主张人口适度的学者不多，在当代坚持这一点更不容易，他特别提到了北大老校长、经济系老教授、著名经济学家、教育家马寅初先生。1955年前后，时任北大校长、全国人大常委会委员的马寅初先生在深入调研的基础上，写下了《控制人口与科学研究》的报告，在1957年先后召开的最高国务会议和全国人民代表大会会议上作出了阐述，并发表在《人民日报》（1957年7月5日）上。他提出的根据社会经济发展的可能和客观需要，控制人口的数量和质量等一系列理论主张和政策举措，被人们称为“新人口论”，引发了一场大辩论并由此招致了严酷的批判。石世奇先生当时对马老“新人口论”的内容是如何解读的，我已记不太准确了，但难忘的是他特别讲了马老在当时辩论中的一段话：我虽年近八十，明知寡不敌众，自当单枪匹马，出来应战，直到战死为止，决不向专以力压服、不以理说服的那种批判者投降。至今，我对石先生当时肃穆的神情以及他对马老坚持真理气节的崇敬之情记忆犹新，那是我在课堂上第一次听到关于马老的这段话，振聋发聩。

后来读到一篇北大中文系著名教授、诗人谢冕先生写马老的演讲文稿，大致讲的是在20世纪50年代谢先生入学时，马老正任北大校长，平时难得一见，偶尔在开学或毕业典礼的场合见到马老，马老总是这样一段开场白：兄弟今天多喝了几杯，讲话难免有不当之处，还望诸位海涵……给人的印象应当总是微醺的。但唯独这位总是微醺的老人，在全国上下几乎都陷入狂热时，保持了特别的清醒。

看到谢先生的这段演讲文字，想起课堂上石先生铿锵有力的声音，我想，这才是真正的北大吧。北大的精神是用这些先生一代一代的心血铸就的，也是他们一代一代口口相传的，我从心底敬重他们，感谢他们。

这里讲了北大经济学系（院）教我的几位已故老师的故事，他们教导我什么是做人的高贵，什么是做学问的执着，什么是育人的精心，什么是坚持真理的清醒。

三 我的导师

我读硕士研究生时的导师是北大经济学院的张友仁先生和刘方棫先生。那时是设立导师指导组，由若干老师联合指导的，其中一位负主要责任。张友仁先生是教研室主任，也是北大政治经济学专业最为资深的老师，任政治经济学专业研究生指导小组的负责人，也是我主要的硕士生导师。我是1982年春本科毕业后，跟随张先生读硕士学位研究生的，直到1984年夏毕业，后来我就留在他任主任的政治经济学教研室任教。

在我们读本科时，张友仁先生主讲政治经济学（社会

图5　在北大读硕士研究生时

主义部分）和社会主义经济思想史；到我跟随他读硕士生时，除单独指导读书研讨外，他给我们主讲国外社会主义经济思想研读、国内社会主义经济思想研读、马克思恩格斯经典著作研读等课程。此外，那些年我常陪张先生外出开会或调研，与张先生便有了更多课堂外的接触。张先生在课堂上是从不苟言笑的，很严肃，我有点怕他，但他在课下很慈祥，特随和，喜欢玩、旅游、摄影，喜欢吃，小吃名肴均爱。张先生是坚定的马克思主义理论者，在没有深入研究时从不轻易发表看法。在我的印象里，张先生在20世纪80年代初发表关于马克思异化思想的文章，参与当时那场关于异化问题的讨论之后，他关于政治经济学理论问题的讨论和著述就很少了，只是偶尔结合他出访所见写点关于现代服务业发展的文字，其他则多为回忆性的散文，给我们留下了许多蛮有意思的故事。

2005年张友仁先生的著述《北大清华的教授们》即将出版时，先生嘱我为书作序，我实在有些诚惶诚恐，后来想可以借此写一下对张友仁先生的敬重和感谢，便答应下来。在那篇小序中，对张友仁先生的风采有着较系统的描述，在此我援引其中几段："张友仁先生是一位十分热爱生活，十分善于发现并体验生活中的美的人，因此张先生笔下的北大清华的教授们虽然极富个性，傲骨铮铮，但的确不乏真善美。张先生将自己亲身感受到的北大清华教授们身上的纯真可爱，向上的禀赋和气息，通过一件件耳闻目睹的事情表达给我们。我以为这种为着启迪后辈，推崇美，推崇向上而勾画历史，怀念逝者的精神和价值取向是极有意义的。过去的人们之间肯定存在龃龉，逝去的人，哪怕是我们极尊重的著名前辈，也肯定有缺陷。我们的回忆不应当更多的为着勾陈这些，而应当为着发现美，传承美，这是张先生这部著作给我们的一个强烈感受。""张先生本人就是极富理想的人，记得我刚考取研究生时，曾到张先生府上专门讨教过为什么要学经济学。张先生告诉我，他被保送进西南联大时的学籍是工学院航空工程学系，不仅专业时髦而且成绩也不错，是因为他后来接触了经济学，特别是马克思主义经济学的思想之后，觉得中国社会欲脱离积贫积弱的苦难必须依靠这些道理，于是冲破重重阻力转到经济学系，由工科转向经济学在现在或许不奇怪，因为经济学目前是显学了，而在那时的确是需要勇气的，这种勇气看起来是一定的学术兴趣的转移，实际是出于对中国社会发展理想目标的憧憬。有理想的人才能真正理解并写好有理想的人。”“张先生非常注重尊师重道，记得我刚上北大不久，孙冶方先生出狱后受北大经济系邀请，为我们做学术报告。孙冶方先生是无锡玉祁人，虽很早便离家投身革命，但乡音始终未改，所以我们北方学生实在听不懂。记得当时张友仁先生站在冶方先生身后的讲台上，伴随冶方先生的演讲将难懂的话写在黑板上。那时张先生也已年近六十，而且开始发福，又恰逢盛夏，几个小时下来，的确不是一件轻松的事。可以说这是张友仁先生给我们上的尊重师长的极为生动的一课。”“写作要尊重历史，必须求真，不能道听途说，更不能以讹传讹。在这方面，张友仁先生是十分讲究的，所见所闻，所感所历，均有深厚积累，细微体验和详尽考证，我和我周围的许多人，常常为张先生为何对一些过去的人及事记得那么清晰而惊诧。实际上，这是张先生长期积累且用心咀嚼的结果。”“2003年

图6　看望张友仁先生、张秋舫先生

末，恰逢张友仁先生八十大寿，我及先生的许多学生与师母张秋舫教授商量，准备为先生做寿。可就在预定做寿的前一天，张师母突发疾病入院做手术，至此再未醒过来，寿席自然不能如期举行，我们这些学生一下子从为先生做寿的喜庆气氛坠入师母过早去世的悲痛中，然而承受痛苦最大的人莫过于张先生。但张先生能够坚强地走出悲痛，并且又有新作出版，令我们十分敬佩。”

师母张秋舫先生去世后，张友仁先生让我为师母题写墓碑，同时也为先生本人题写墓碑，以作将来合葬用。我请校办胡新龙小友买来纸墨，练了挺长一段时间“张秋舫之墓”“张友仁之墓”的大字。对于我来说，中小学教育不系统，没有认真练过毛笔字，基础差，再加上先生之托过重，我生怕写不好，于是反复练习。那段时间，我在北大不大的副校长办公室中，从桌上到地板到处是这几个字的字幅，好在最后先生算是满意了。2015年张先生去世，与师母合葬。

2013年张先生九十大寿，我作为学生在学校博雅酒店为他张罗了一桌寿席，邀请的人不多，大多是张友仁先生的学生，另有教研室的同仁，有厉以宁先生。厉先生20世纪50年代在北大经济系读书时，张友仁先生是他的老师，而且是毕业论文的指导老师，后来厉先生也是在张友仁先生的坚持下才得以留校工作，所以厉先生对张友仁先生不仅尊重，而且一直执弟子礼。还有林毅夫先生。毅夫兄来大陆后进高校读经济学，入的是北大经济系，导师即为张友仁先生。那天毅夫兄还特别书写了一幅祝寿的字，作为寿礼。其间厉先生特别提议，他、毅夫、我三位作为不同年代的张友仁先生的学生一起与张先生合影。同为张友仁先生的学生，我当然不敢与厉先生和毅夫兄相比较，但我为有张先生这样的导师而感到自豪，为能成为他的学生而感到幸运。我怀念他！

我的博士生导师是萧灼基先生。1984年暑假过后，我硕士（读了两年半）毕业留校任教一段时间，1987年经考试并经经济学院批准和统一安排，我跟随萧先生在职攻读博士学位，直到1990年毕业（算下来，我是萧先生招收的第一批博士生，与我同届的还有两位，他们是脱产全职博士生）。

与老一辈相比，萧先生是中青年一代，曾经是北大经济学院最为年轻的教授和博导，极有才华。在改革开放进程中，也是非常有影响的学者，培养了不少优秀的学生，是现任国务院总理李克强的硕士生导师。后来做过民建中央常委，出任过全国政协常委。

图7　为博士生导师萧灼基先生庆贺生日

萧先生给我影响的不仅是他的睿智和才华，更在于他的勤奋。萧先生20世纪60年代毕业于中国人民大学，在人大读完本科之后，继续攻读研究生，宋涛先生时任人大经济系主任。萧先生毕业后来北大经济系任教。在那个年代，中国接受过研究生教育的人，可以说是非常少的，可见读书时的萧先生是十分出众的。萧先生对马克思主义学说有着执着的追求，可以说，他的基本理论训练和基础，分析方法和阐释的问题，均是基于对马克思主义经济理论的理解。他曾与我说过，还在读大学本科时，他曾对自己许过两个愿：一是在学习上的，希望自己能通读马恩全集；二是在研究上的，希望自己能写出《马克思传》和《恩格斯传》。

萧先生后来确实都做到了。马恩全集共50卷，累计3200万字，横跨多个学术领域，绵延若干历史时空，能通读下来，没有一股长期坚持的韧劲和对马恩学说的执着，是难以做到的。且不说理论本身的艰深和文章的艰涩，也不谈其中还有多少经典需要反复咀嚼，光是一般阅读下来，没有大量的时间是不可能的，而这大量的时间只能靠勤奋。我其实很早也买了马恩全集（因出版原因还未完全配齐），放在办公室书架上多年，2015年从北大调至人大工作，我嘱办公室同志千万为我运到人大放好。但真的没能坐下来系统地读，更多的是作为资料文献依据的出处而方便查找，估计也难以像先生那样通读全部。由此不能不更佩服萧先生当年的努力和刻苦。至于写作《马克思传》和《恩格斯传》更是难以想象的工作。《马克思传》和《恩格斯传》在国际上有许多研究著述出版，特别是苏联学术界还是很重视对马克思、恩格斯研究的。但据了解国际上对马恩的研究著述大都是集体共同创作，研究团队不仅多学科，而且极为庞大，耗时耗资难以精算。萧先生在河北人民出版社先后出版的《马克思传》和《恩格斯传》均是由他一人独立完成的。我不知道是不是唯一一部由一人独自完成的《马克思传》《恩格斯传》，但的确是少有的。且不说其中的分析理解需要多么深刻，也不说其中还有多少疑难问题需要仔细探索，光是写作涉猎的内容和范围之广泛就难以想象了，而这种广泛的涉猎只能靠勤奋。我其实是知道勤奋对于学者之重要的，与勤奋者相比，我常为自己的懈怠而不安。在前不久萧先生去世后，看到他的生平简介中所列著述时，更为其一生的勤奋耕耘而赞叹。

萧先生对国家发展有着特别的牵挂，非常关注社会经济发展各个方面的问题。记得是2007年1月28日下午，萧先生在出席一个学术论坛演讲时突发脑出血，抢救过来后已不能说话，失去自理能力，但脑子尚清楚。我每次去看望他，他总是用还能动的右手，颤颤巍巍地写下文字与我交谈，谈的大都是国家社会发展的事情。到后来字写得越来越小、越来越乱，就请萧师母来帮助辨认，直到后来实在写不动才作罢。他病重后还发表过关于金融改革和货币政策的文章，时任总理温家宝同志看到后曾有重要批示。记得是我在北大的同年级同学丘小雄（时任总理办公室主任）受温总理委托，专程到萧先生府上向先生转述温总理的批示。那天我在萧先生家代表学校接待小雄。我们都为萧先生虽重病在身，但为国家发展思考不止的精神而深深感动。

还有一件事在萧先生的学生中广为流传。萧先生招收的一位博士生，毕业后下海经商，在20世纪90年代整顿金融秩序中，因涉嫌违规违法被判极刑。萧先生深入了解之后，认为这位学生违规有罪，但依法不当诛。于是奔走呼号，终于经最高法院以事实为依据，以法律为准绳，将其改判为有期徒刑。这种改判当然是很不容易的事情，体现着法治的公正，也体现着萧先生对学生的深切关怀。

仁者见仁，智者见智。人文社会科学界历来是不同观点、林林总总，对于萧先生这样一位卓有影响的学者的学术观点自然会有不同看法（这种不同看法之产生也构成其影响力的一部分）。不论看法有怎样的不同，但萧先生对马克思主义理论之倾心，对学术研究之勤奋，于我来说是可望而不可即的，他深深地影响着我，我敬佩他！

四 校园外的老师

作为大变革中的一代，我们读书学习虽困难，但很幸运。困难在于学习和训练不规范，“草莽”间当然带有许多不确定性；幸运在于我们除在校园内接受老师的教育外，还有机会接触到校园外的许多老师，其中不乏大师。正是在大变革的活跃中才有这种机会，一方面是学校请进来，另一方面是我们走出去。

那时北大邀请到很多名师大家来发表各种形式的演讲和专题授课，经济系也不例外。记得孙冶方先生、许涤新先生、邓力群先生、马洪先生、于光远先生等都曾来过，有些还是多次来北大经济系演讲。作为年轻学生，能在课堂上面对面听到这些大家的声音，自己都觉得难以置信。

对于这些名师大家的学术思想和重要观点，我是深入学习和研究过的，特别是后来读研究生时，张友仁先生曾主持并主讲一门课程，我专门从思想史的角度研读了国内外关于政治经济学研究的名家名著，国内的这些大家自然在其列。但当面聆听他们的讲授，直接领略和感受他们的风采，则是另一种幸运。说实话，对这种幸运，当时体会并不深刻，只是在这些名家仙逝后才越来越体会到这种幸运的珍贵。

孙冶方先生在“文革”期间被批斗、入狱关押多年，1978年出狱后，他出席的首场学术报告会就是在北大经济系举行的，我那时是大一的学生。报告会在北大老二教阶梯教室（现已拆除）举行。冶方先生是20世纪20年代入党的共产党员，但被作为中国经济学界最重要的资产阶级修正主义分子，有人称其为中国的利别尔曼（苏联学者，被长期指为修正主义的市场社会主义鼓吹者而受到批判），长期被批判。他是因为探索思想理论，又是为更好地建设社会主义经济进行的探索而被关押，我想心灵上的痛苦和无奈应当是深切的，但在他出狱后的首场报告中丝毫没有这种情绪的流露。具体讲的内容，我已经记不太全了，其实就在当时也没有听得十分明白，有内容理解上的问题，也有冶方先生的乡音问题。但冶方先生清瘦的身影、淡定的神态、祥和的语调、充满自信的言谈，真的是令人敬仰。那天天特别热，冶方先生手里握着把檀香木扇，全身心地在展示着：什么叫坚定！我们听得认真，冶方先生讲得投入。后来在冶方先生文集中这篇演讲被收录进去了，并且特别注明是“文革”复出后的首次学术演讲。张友仁先生在黑板上替冶方先生板书，也是竭尽全力，满身大汗，给我们同时上了一堂尊师重道的课。后来我看到中国人民大学文学院院长孙郁先生写的《关于章门弟子》（《收获》2010年第3期），其中援引张中行先生在《负暄琐谈》中讲到的当年章太炎先生来北大演讲的情景，才进一步了解到，为先生演讲做板书，在北大是有传统的。当年（1932年），太炎先生来北大研究所国学门讲《广论语骈枝》，满口浙江余杭的家乡话，常引经据典，大多数人听不懂，由刘半农任翻译，由钱玄同用粉笔写在背后的黑板上。

邓力群先生也多次来北大演讲，不仅给经济学系，有时还给全校师生讲，听众多，只好把地点设在北大当时最大的场地——大饭厅。大饭厅没有固定的座位，我们自己带方凳。我对邓力群先生的课有兴趣，缘由有二。一是在1975年后，反击“右倾翻案风”批邓时，有三篇文章是被作为典型代表作而加以批判的，被称为“三株毒草”（这三篇文章，分别从不同角度论述了解放和发展生产力，推动科技进步的重要性），其中一篇的作者便是邓力群。我当时在生产建设兵团基层单位做理论宣传工作，以为这是邓小平的写作班子的笔名，后来到北大才知道真有其人，并且还是北大经济系的前辈校友，因投身革命而未能毕业，肄业于北大经济系。后来他的儿子邓英淘成了我的同学（家风甚严，英淘极优秀，只是不幸英年早逝）。二是邓力群先生的思想观念解放在那个时期是具有破冰引领性的。印象较深的是，一方面对于如何认识和评价毛泽东同志的思想，包括其社会主义经济思想，邓力群先生在演讲中作出的剖析是深刻的，也是尖锐而客观的。这在改革开放的初期，是相当有震撼力的，至少在我们同学中产生了热烈的争议。后来证明，邓力群先生的看法是正确的。另一方面，关于社会主义经济中计划与市场相互关系问题的讨论，打破长期以来禁锢人们思想的计划与市场根本对立的传统，承认市场在社会主义经济中的作用，邓力群先生是这一观点的重要阐释者和推进者。著名的“有计划的商品经济”这一提法是由邓力群先生较早提出并作出系统阐释的，给我们留下了相当深刻的印象（当然，后来发生了许多变化，个中缘由我也不是十分明白，不敢妄言，但凡事还须历史地看）。

于光远先生作为老一辈名师大家在学术上是十分活跃的，特别是思想上的活跃，令人惊叹！许多经济学的新学科，都是在他的倡导下开展起来的，例如生产力经济学、国防经济学等。光远先生是早期中国科学院哲学社会科学部的学部委员。开始研究生教育时，光远先生和华罗庚先生是全国第一批博导当中仅有的可以同时在两个领域招收博士生的导师。光远先生是在政治经济学和自然辩证法两个方向；华罗庚先生则除数学外，也同样是在自然辩证法方向。这在一定意义上也表明人们对其学术视野之开阔的认同。岱老任北大经济系主任时，经常请光远先生来系讲课，我后来任经济学院院长时聘请光远先生为兼职教授，他常年多次为经济学院研究生做专题演讲。

我所知道的改革开放以来的许多对学术问题的讨论和争论，光远先生都是积极的参与者，而且还是其中一些讨论和争论的发起者。其思想之敏锐，的确少见，每每与其接触，都有启迪和收获。与光远先生第一次直接接触，是一个挺偶然的机会，我至今也没弄明白个中原因。好像是在20世纪80年代初我的一篇小文章被人关注，还提出批评（内部的未公开的批评），光远先生看到所提出的批评，约我去先生府上谈。那是我第一次见光远先生，刘世定兄（当时是给光远先生做助手，同时也在读博士研究生）接待了我。光远先生与我谈了很多，总的来说是告诫我，应当如何开展经济问题研究，还特别嘱咐我千万不要随意发表可能是不负责任的观点，切忌养成学习上的随意性，并嘱这种随意性可能产生让人根本无法承受的后果。我们一直谈到午饭时间，光远先生还未谈完，便让我与他共用午餐。简单的饭菜，但我真的感受到不简单的温暖，至今难以忘怀。后来光远先生的女儿小东毕业留校与我在同一教研室。大约在20世纪90年代初，我和平新乔兄合作出版《经济体制改革三论：产权论·均衡论·市场论》，想请光远先生写个序，就是请小东帮忙的。先生很快写就了一篇虽篇幅不长，但极为深刻的序言，令人感动。再后来我先后任经济学院副院长、院长，多年间与光远先生接触就更方便，也更深入些，真是高山仰止。

光远先生家的客厅里挂着一张照片，是光远先生的头部特写照，相当令人震撼。看到后就不难理解先生为何著述甚丰了。先生常用铅笔书写，而且是那种红蓝铅，半截红色、半截蓝色的铅笔。可能出于节省吧，铅笔用到很短的铅笔头，手不能握住时，光远先生就套上一截套管后继续用，一直用到套管套不住后才作罢。先生有个习惯，把剩下的小铅笔头都留起来，然后用皮筋儿扎成一把一把的，十几个一扎，久而久之，可就积累得十分可观了。那张照片是在先生的写字台上用扎成一把一把的铅笔头垒起的“山峰”，在“山峰”间露出光远先生的皓首慧目。看到这张照片，不能不令人遐想——不知道这“山峰”后面有多少文字！对光远先生的勤奋，我还有一次切身感受。记得有次陪先生去广州参加一个学术会议，那时光远先生出远门坐飞机已经需要坐轮椅了，出远门是一件不轻松的事。上飞机之后先生就在头等舱的座椅上铺开稿纸，拿出铅笔，埋头写起来。飞机落地，我从后面经济舱赶过来协助先生下飞机时，先生刚好写完了一篇稿子。我感叹他的才思敏捷，更钦佩他的惜时如金。光远先生让我更明白，任何了不起的收获都是靠着孜孜不倦的努力而成就的。

董辅礽先生是位非常有思想见地、思考问题非常深刻的前辈大家，成名很早，在改革开放初期便任中国社会科学院经济研究所所长。20世纪80年代初，董先生受北大岱老之邀来经济系讲学，每次教室都爆满，更重要的是所讲内容极富思想启迪性，听下来确有茅塞顿开之感。记得董先生关于所有制及国有企业改革的思想观点就极有震撼力，其对国有制企业积弊成因的剖析极为深刻，也是很有说服力的，在当时引起不小的争论与反响，引领我国学术界关于国企改革的讨论进入新的层次和更高水平。稍后董先生关于所有制结构改革问题的“八宝饭”比喻，也产生了广泛的影响。我与董先生个人间有来往是在1987年，我与杨云龙兄合作写了一本关于中国产业结构方面的书，付梓之际，想请董先生写个序。一是因为董先生关于经济结构的研究相当深入。早在20世纪50年代董先生从苏联留学回国到中国社会科学院经济研究所工作时，就曾围绕马克思再生产理论发表过系列论文。他对马克思再生产理论本身以及马克思再生产模型所假定的前提条件展开深入分析，然后放松假定再讨论再生产结构模型，在学术界产生了广泛影响，被誉为“董模型”。请董先生作序自然有期望得到董先生指点的含义。二是因为我们对自己的研究也还缺乏自信，出版社也同样有些不太相信我们的水平，所以请董先生作序也隐隐含有请前辈壮胆的意思。记得是元旦期间，我和云龙兄贸然前往董先生府上，还买了两斤橘子作为礼物。董先生刚好从外边散步回来，在门口相遇，说明来意后，董先生热情地接待了我们，并留下了书稿。不久，一篇学术水平十分高的序言便写成寄来了，这给了我极大的鼓励。后来厉以宁先生邀董先生在北大共同主持一个学术沙龙（记得是自1994年开始，至今已坚持多年了。董先生去世后由高尚全先生与厉先生共同主持），每双月一次，后每季度一次，人员规模不大，专题性讨论，邀请研究者主讲。我是长期参加者，因而与董先生有了更多深入请教的机会。我任北大经济学院院长时，请董先生来我院出任博士生导师。董先生晚年的博士生大多是在北大经济学院招收的学生。随着接触的加深，我对董先生的学术思想和方法有了进一步的认识，真是景行行止。

以上，我写了北大经济学院的老师、我的研究生导师、校园外的老师。无论是在北大还是在校园外，其实还有许多老师在教我育我帮我，我衷心感谢先生们的教诲引领，囿于笔墨，恕不能一一道来。而且我这里所写的，既是对我成长影响作用大的老师，同时也都是已经仙逝的老师，我是想借这个机会，表达我对这些已故老先生的怀念和追思。

我的学术成长之路，得益于老师的教诲、同事同行的帮助，当然也有自身的努力，但不能不强调的是，还要感谢这个伟大的时代。正所谓时代是出卷人。马克思说，问题是时代的口号。伟大的时代首先会提出伟大的问题，而回答这种时代历史性命题一定需要伟大的理论和充分活跃的思想，这就势必造就一代人的智慧。改革开放的伟大时代，造就了中国改革开放的伟大理论和实践探索，这是我们成长的最为肥沃的历史土壤。我有幸赶上这个伟大的时代，在这块肥沃的历史土壤上进行着学术耕耘。

第二章

主要学术成果

我自1978年考进北京大学经济系学习，至毕业后留校任教，主要精力和基本工作可以用六个字做简要概括：读书、写书、教书。虽然后来担负一定的行政工作，特别是2015年调至中国人民大学任校长后，更需兢兢业业地对待学校管理工作，但对读书、写书、教书的兴趣和努力仍是坚持的。就经济学的学习研究教学而言，已整整40年了（1978年至2018年），想当年在被人称为"京城四少"的几位中我是最年轻的，现也已年过花甲，光阴真快。虽愚钝，且由于童子功不足，知识结构多有缺陷，解释和分析问题的能力常有不及，但由于40年未离开学校，未离开读书、写书、教书，所以累计下来还是有些成果的。有拉拉杂杂的几百篇学术性文章、数十部学术专著，另有几部不同时期编辑的论文集，虽有一些拉杂松散，但在脉络上，就理论而言是贴近政治经济学基本理论教学和研究需要的，就实践而言是贴近改革开放历史进程所提命题阐释要求的。在所涉及的具体内容上，大体可以归纳为三个大的方面：一是关于中国社会主义社会所有制及企业产权制度方面的研究；二是关于中国社会主义社会经济发展及产业结构演进方面的研究；三是关于中国社会主义社会国民经济增长及宏观调控的研究。

这些研究成果同时也产生了一定的学术影响。从论文发表刊物看，大量的或者说有代表性的论文是发表在《中国社会科学》《经济研究》《北京大学学报》《管理世界》等十分令人尊重的刊物上。尤其是在《经济研究》上发表得更多，粗略算下来，从20世纪80年代末算起，至今在《经济研究》上发表的论文已达29篇（最早1987年，最近2018年）。

《经济研究》在中国经济学研究上是具有引领作用，并且有着强大的凝聚力的。2018年是《经济研究》复刊40周年（1978年复刊），本应去参加纪念活动的，但因公务难以分身，后来应高培勇兄（时任经济研究所所长，现任中国社会科学院副院长）之邀，录了一段录像以表祝福。我非常敬重《经济研究》，不仅是由于它的学术地位，更重要的是在多年的交流中，刊物给予的信任、指导、支持，令我获益良多。特别是《经济研究》几代编辑部的编辑，敬业、耐心、严格、敏锐，对我产生了很深刻的影响。从20世纪80年代的唐宗焜先生，到90年代的朱铁臻先生，再到后来的郑红亮先生、王诚先生等，包括一群年轻的编辑，都给予了我真诚的帮助，使我在与其交流合作中得以不断提高，不仅对我的学术能力和写作能力提高有益，而且对我作为学术杂志《经济科学》主编也多有启迪（1993年至2015年我任北大《经济科学》主编）。从转载情况看，传统的文摘类重要期刊《新华文摘》累计下来共转载我的论文36篇，再加上《中国社会科学文摘》《高等学校文科学术文摘》和“人民大学复印资料收录”等，应当有近百篇文章被不同文摘所转载。同时我也获得过不少学术奖项，几乎包括国内所有重要的经济学奖项。

一 所有制与企业产权

（一）关于所有制问题在理论和改革实践中的地位问题

第一，所有制与政治经济学研究对象。

根据马克思主义政治经济学的基本原理，政治经济学的研究对象是资本主义生产方式，但如何理解“资本主义生产方式”？所谓“生产方式”包不包括生产的技术方式（生产力）？关于这些问题的争论，直接涉及政治经济学研究对象上的认识分歧，这一问题在我国改革开放初期引发了一场较大的争论，背景就是：经过十年“文革”，人们忽视发展生产力，甚至长期脱离经济发展，批判“唯生产力论”，使得中国经济濒临崩溃的边缘。人们为了纠正这种违背马克思主义历史唯物主义立场的主张，作出了许多理论上的努力，在政治经济学上为强调发展生产力的重要性，主张承认政治经济学是研究生产关系的理论，同时承认也要研究生产力，重要的根据就是马克思本人在《资本论》的一篇序言中曾明确《资本论》的研究对象是资本主义生产方式，而“生产方式”又可定义为生产关系与生产力的统一。这样，对这个问题的争论就不仅在理论上具有意义，而且在实践上也具有意义。

我参与了对这个问题的讨论，那时我正读研究生一年级，上的一门课就是“《资本论》专题研读”。我想还是应当首先分清楚，马克思所说的作为研究对象的“资本主义生产方式”到底是什么含义？为此，我系统地考证了马克思关于“生产方式”的大量论述，发现马克思所说的“生产方式”包括生产的自然方式和生产的社会方式两个方面。生产的自然方式指的是生产力意义上的生产方式，生产的社会方式则是指生产关系。马克思在讲到“生产方式”时往往是在前面特别加上规定的，所谓《资本论》研究的是“资本主义生产方式”就是研究生产的社会形式，并且是资本主义历史形式。所以说，马克思并未说政治经济学研究对象应包括生产力，至于社会主义经济理论要不要研究生产力，答案是肯定的，但需要开创新的学科。马克思的政治经济学研究的对象是生产关系，在研究方法上是运用历史唯物主义和辩证唯物主义方法，即把生产力与生产关系的矛盾运动作为基本矛盾，在矛盾运动的对立统一中，揭示生产力发展对生产关系变革的历史要求和运动规律。文章本来是作为课程作业来写的，交上去后老师给了5分，附有挺好的评价（胡代光先生主讲“国外资本论研究”部分课程专题），给了我信心，我便将此文投给了中国人民大学《经济理论与经济管理》。不久，卫兴华先生（时任人大经济系教授，兼任杂志副主编，在北大经济系受邀给我们讲过《资本论》专题课）约我去谈，对稿子提出了很好的修改意见。记得卫先生还特别嘱咐我，明天（谈话第二天）王府井新华书店要售《资本论》第一卷法文版的中译本，可以去买来对照一下“生产方式”是怎样表述的，通常法文是会更准确些的。我遵嘱买来法文版译本《资本论》，并对文章做了进一步修改，后来发表在《经济理论与经济管理》上（1983年）。我那时是26岁的在读学生，又不是中国人民大学的学生，卫先生可是大名鼎鼎的教授，以前与我并不相识（我认识他，他不认识我），能给予我这样的指导，有多少人能做到呢？

直到现在，我还是坚持我当初对马克思所说的“生产方式”的理解。至于中国特色社会主义政治经济学的研究对象问题，我认为，不应当把研究对象与研究方法割裂开来，孤立地去讨论研究对象是不科学的，而应当把研究对象和研究方法作为有机统一体来加以分析。正如习近平同志所提出的，中国特色社会主义政治经济学必须坚持解放和发展生产力的基本原则。邓小平同志也曾明确地说，解放和发展生产力是政治经济学要解决的核心问题。因此，必须把对于社会主义生产关系的研究，与生产力与生产关系矛盾运动的辩证历史唯物主义方法统一起来，最终达到解放和发展生产力的目的。①

第二，关于所有制改革在经济改革中的地位问题的争论。

这是一个由改革实践提出来的具有根本性意义的问题。

其一，是经济改革要不要根本改革所有制，还是在所有制基本不变的前提下，改革和完善管理体制，这是一个很有争议性的问题。传统的思路是所有制不变，包括所有制性质、所有制结构、所有制实现形式都不变，改革的重点是管理体制的变化，基本上自20世纪50年代一直到改革开放初期，关于改革的讨论都是沿着这种传统思路展开的。改革开放伊始，人们首先考虑的是改革的实质和任务是什么。改革应当是生产关系的变革，目的是适应解放和发展生产力的历史要求，而生产关系的本质不正在于所有制吗？因此，许多

① 刘伟：《在马克思主义与中国实践结合中发展中国特色社会主义政治经济学》，《经济研究》2016年第5期。

学者把改革的实质聚焦于所有制的改革，像于光远、董辅礽、蒋一苇等一批学者大体都有这种倾向。但进一步的问题是，若以所有制改革为重点，那么应朝着怎样的方向改革？于是就有了如何坚持公有制为主体的争论，也有了私有化的思潮。我是反对私有化的改革取向的，但我赞同改革的实质在于所有制的改革，包括所有制结构和公有制基本实现方式的改革，因为生产关系的根本在于所有制，改革的根本在于生产关系的变革。①

其二，是关于企业所有制改革与市场价格制度改革的相互关系及推进次序的争论。究竟是企业所有制改革为先，还是竞争性的市场价格制度改革为先？这是中国改革实践进程中存在激烈争论的问题。主张市场价格制度改革为先的学者认为资源配置要实现均衡，必须有竞争性的市场价格机制作为体制条件，因此以追求资源配置效率为目的的改革首要的是以市场竞争价格替代传统计划价格机制，国际上的“休克疗法”实际上也是这种一般均衡的逻辑。主张企业所有制改革为先的学者则认为非均衡的中国经济关键在于企业不具备接受市场硬约束的可能，因此即使放开市场形成竞争性价格机制，市场主体（企业）也不能按照市场价格信号约束自身行为，难以形成自我收敛于均衡状态的趋势而形成发散状态，所以改革首先应是企业所有制改革，使之在产权制度上可以接受市场约束。我是赞同企业所有制改革为先的观点的，毕竟企业产权制度是市场经济中的主体制度，市场价格

① 刘伟、平新乔：《经济体制改革三论：产权论·均衡论·市场论》，北京大学出版社，1990。

制度是市场经济中的交易条件决定的制度，说到底，交易主体（企业）决定交易条件（价格）。西方主流学者否定转轨国家企业所有制改革的重要性和必要性，主张价格改革作为最重要的改革，实际上是以企业已经成为资本所有制企业，进而成为可以接受市场约束的市场主体为前提的，即以私有化为前提的，这在中国既不可能，也不应当。[①]

（二）关于社会主义初级阶段所有制结构问题的讨论

这是涉及中国特色社会主义初级阶段所有制结构的基本问题。

第一，关于所有制多种成分的争论。

承不承认非公有制经济在社会主义初级阶段的客观需要，进而是否承认非公有制经济本身是社会主义社会基本经济制度中不可或缺的组成部分，在改革开放历史进程中，我们对于这一问题的讨论进展是相当曲折的。从党的十二大到十五大，先是在党的代表大会决议中承认个体经济（小私有），然后是承认私营经济（资本所有），再是承认多种所有制经济共同存在，直到党的十五大明确以公有制为主体、多种所有制经济共同发展作为社会主义社会的基本制度。我是赞同公有制必须为主体的，否则不成其为社会主义，但我不赞同把非公有制经济分割开来、独立出来作为非社会主义性质的经济，进而与公有制经济区分开来，甚至对立起来。我认为非公有制经济与公有制为主体的经济有机统一才是社

① 刘伟、孙来祥：《一部在实践呼唤中诞生的力作——评厉以宁的〈社会主义政治经济学〉》，《中国社会科学》1988年第1期。

会主义，没有公有制为主体不成其为社会主义，没有非公有制经济同样不成其为社会主义，单一的公有制或者是共产主义（社会主义高级阶段）才可能，或者就是空想，带来对解放和发展生产力的严重破坏；私有制为主体，或者是资本主义社会，或者甚至倒退到资本主义之前的封建制、奴隶制；公有制为主体与非公有制经济长期共同发展的所有制结构才是真正的社会主义性质的，相互间是有机的统一，是不可分割的，分割之后任何单一状态都不成其为社会主义，至少不成其为中国特色社会主义。[①]在这一点上我赞同董辅礽先生的“八宝饭”观点，“八宝饭”中有米、花生、红枣等，凑在一起是“八宝饭”，拿出其中任何一种原料都不是“八宝饭”，而只是单纯的一种原料，不能说其中某种原料是“八宝饭”性质的，某种原料不是“八宝饭”性质的，“八宝饭”是个很好的比喻。

第二，关于如何看待国有制比重的问题。

这是所有制结构争论问题的重点之一。

其一，国有制可以是公有制的形式，但并不等于公有制，资本主义社会，甚至奴隶制社会、封建制社会也有国有制。国有制是一种国家现象，是国家为主体占有生产资料的一种方式，其性质取决于国家的性质，本身并不等同于公有制，因此不能把国有制占统治地位的所有制结构等同于社会主义所有制结构。资本主义国家有时（比如战时）也可能采

① 刘伟：《中国私营资本》，中国经济出版社，2000。

取国家统治经济，但并不能称其为社会主义。①

其二，国有制经济占据绝对优势和统治地位的所有制结构，是与国家统治经济包括集中统一的计划经济运行体制相适应的，或者说构成计划经济的所有制基础。如果改革的方向是建立社会主义市场经济体制，那么原则上国有制，至少传统严格意义上的国家平衡预算的国有企业就不应当在国民经济中占据统治地位，因为严格意义上的国有制企业的行为目标首先是服从国家意志和需要，并非盈利最大化，国有制企业的行为准则首先是服从政府行政准则和指令，并非市场竞争准则。事实上，创办国有企业的根本目的也不应当是使其首先服从市场准则，进而盈利最大化。而社会主义市场经济又必须以公有制为主体，否则不成其为社会主义，同时也不能以严格意义上的国有制为主体，否则不成其为市场经济。这就要求一方面深化国有企业改革，明确国有企业的功能定位、目的和分布结构，使之可以主导国民经济但并非成为国民经济主体构成，国民经济的主体部分如果首先接受行政规则而不是市场规则硬约束，便不成其为市场经济；另一方面，必须着力探索和创造社会主义公有制的新形式和新的实现方式，而不是简单地以私有化来配合市场经济，否则就不成其为社会主义。②

其三，国有企业改革中的“抓大放小”及混合所有制改革是国企改革实践中的重要问题。“放小”的本质是所有制

① 刘伟：《经济体制划分标准与比较标准——关于经济体制比较研究方法和若干思考》，《经济研究》1990年第6期。

② 刘伟：《论我国企业所有制改革目标》，《北京大学学报》1990年第6期。

的改革，即对中小国有企业，对不需要采取国有制领域中的企业进行非国有企业改革，而不是简单地下放管理权限或扩大企业管理方面的自主权。“放小”不是在继续恪守国有制条件下对企业的放松，而是在所有制上使企业的权、责、利不再集中于国家，而是交予市场主体，是企业产权的变更。当然，这种变更过程不应是简单的资本私有化，更不应是出卖国有资产的私有化中的资产流失，而应是着力培育新型社会主义公有制企业形式。[①]“抓大”则是在明确国有企业定位、功能的基础上，在切实关系到国家经济命脉和安全的领域，坚定地以国有制企业为主导，做大做强国有企业，以掌握国家经济命脉。

其四，国有企业改革中的“政企分离”是个悖论。从所有制和企业产权意义上来说，“政企合一”的管理体制是与“政资合一”的产权制度相联系的。所谓国有制企业，在所有制和产权制度上的根本特征在于国家出资兴办，国家承担风险，因此国家必须严格监管，即通过政府“政企合一”的方式来实现管理，任何排斥、削弱和否定政府管理的做法，对于国有制企业而言都是侵权。国有制企业要求并且也只能“政企合一”，如若“政企分离”，前提是国家不再出资同时也不再承担风险，进而把监管权让出，这意味着在所有制上的非国有化。所以在坚持公有制性质不变的基础上推进“政企分离”是个悖论，是国有制企业就不应当真正“政企分离”，严格意义上来说采取“政企分离”就不可能继续采

① 刘伟：《经济“软着陆”与非国有经济》，《经济研究》1998年第4期。

取国有制。因此，国有企业改革关键还是确立国有制的比重和分布结构问题，在需要采取国有制的领域，严格政府（国家）管理，使之更为充分地体现国家意志，服从国家利益准则。在需要非国有化的领域，真正实现国有制改造，培育新型公有制企业，发展各类非公有制经济。[①]

（三）关于如何看待和借鉴西方产权理论的问题

在经济思想史上，西方资产阶级经济学在古典经济学期间是重视所有制和产权问题的，尔后便逐渐形成了忽视所有制和产权研究的传统，把资本主义私有制作为不必也不需讨论的制度前提。西方资产阶级经济学者关于企业产权理论的研究一直未成为主流，自科斯之后开始被纳入主流经济学承认的范畴，特别是在转轨进程中，以“华盛顿共识”为代表的西方主流经济学观点，强调转轨的前提是资本私有化和竞争的市场化，进而产权问题的研究在转轨经济分析中被人们普遍关注。从西方产权理论的演变来看，也包括不同的流派和不同的观点。我和平新乔兄曾在较早时期撰文系统地介绍当代西方产权理论的演变史。[②]科斯等人作出了较突出的贡献，不仅是科斯本人的产权思想，包括其“交易费用”思想和对“社会成本”问题的研究，引起了人们的兴趣，而且通过科斯的研究，把作为异端的产权理论纳入正统西方资产阶

① 刘伟：《“政企分离”是一个不断深化的历史过程》，《中国党政干部论坛》1998年第8期。

② 平新乔、刘伟：《本世纪以来西方产权理论的演变》，《管理世界》1988年第4期。

级经济学框架，进而把产权问题的分析纳入正统经济学的求解极值的分析体系。①

科斯等人的西方资产阶级产权理论所依据的经济哲学基础是经济自由主义，其价值取向是纯粹的资本主义私有化制度，目标追求是培育和构造没有任何摩擦（交易成本为零）的市场机制，在市场充分有效的条件下，通过市场竞争机制克服外部性（解决社会成本问题），进而实现资源配置的充分有效。对于中国特色社会主义市场经济的改革而言，厘清企业产权制度与市场价格竞争交易制度之间的关系具有重要意义，因而深化企业产权改革与培育竞争性市场价格机制在本质上要求作为有机统一体历史地推进，同时，企业产权制度上的权、责、利间的界定和统一，风险与收益的对称，权利与责任的均衡，竞争冲动与自我约束的协调，都是培育社会主义市场经济机制的必要的制度条件。但以怎样的社会方式实现这种产权制度的安排？中国特色社会主义改革实践不能简单地以资本主义私有化来实现产权制度变革并以此来支持市场经济，而应在社会主义社会公有制为主体、多种所有制经济共同发展的基本制度基础上，努力探索社会主义公有制多种实现方式，在这一过程中界定清晰的企业权、责、利，使之既能接受市场规则的硬约束，又能为确立公平有效的市场竞争秩序提供市场主体（企业）的产权制度基础。这

① 刘伟、平新乔：《经济体制改革三论：产权论·均衡论·市场论》，北京大学出版社，1990。

是我们改革面临的关键性问题，也是真正的难题。[①]

（四）关于市场秩序与所有制的问题

在当代西方主流经济学的一般均衡分析体系内，通常所有制的问题是不被纳入的，至多只是作为前提条件或约束条件，产权理论虽然力图把这种约束函数转变为目标函数，但也未能成为主流。在我国经济改革历史进程中，由于既无现代企业制度，即没有与市场经济相匹配地接受市场硬约束进而在市场竞争中具有自我约束和收敛功能的企业制度，又无现代市场价格制度，即没有与企业充分自由竞争相适应的公平竞争的交易机制。这就需要统一协调培育市场经济秩序。[②]

市场经济秩序的历史内涵，包括市场经济的内在竞争秩序和市场经济的外在竞争秩序。所谓内在竞争秩序，主要包括市场竞争的主体秩序和交易秩序。主体秩序的核心是企业产权制度，是企业产权制度界定下的企业权、责、利的明晰。主体秩序回答的问题是谁在竞争、谁有资格进入市场作为竞争行为主体展开竞争活动。交易秩序的核心是市场价格制度，是企业在运用市场进行交易活动时交易条件确定的机制，其关键是如何定价，价格是交易能否实现的基本经济条件。交易秩序回答的问题是如何竞争、怎样达成交易条件

① 刘伟、平新乔：《现代西方产权理论与企业行为分析》，《经济研究》1989年第1期。

② 刘伟：《建设社会主义市场经济新秩序》，《光明日报》1996年4月5日第1版。

实现交易。主体秩序和交易秩序的统一，对谁在竞争和怎样竞争问题的回答，构成了市场经济的内在竞争机制。从逻辑上讲，内在竞争机制的这两个方面是相互统一的整体，不能割裂开来，没有完善的价格竞争机制，企业就不可能有效运用市场机制实现与社会经济运动间的生产和再生产过程的必要社会联系，企业也就难以存在。没有清晰的主体秩序，就难以形成真正竞争性的价格机制，是否能趋向于等价交换的公平竞争，关键是企业作为交易主体能否在产权制度上真正受市场竞争硬约束，交易主体决定交易条件，谁在竞争规定着怎样竞争。所谓外在竞争秩序主要包括围绕内在竞争秩序而展开的法治秩序和道德秩序。法治秩序即以法制对市场经济内在竞争秩序予以保护，特别要求“私权赋予、公权约束”，实际上市场经济之所以是法治经济，重要的原因在于市场经济，就其历史内涵而言贯彻的是法权原则，即在机会面前的平等原则，也即形式上的平等、事实上的不平等，而不是特权原则，即形式上的不平等、事实上的不平等。要维护法权原则，自然需要法治，通过保护私权（保护市场主体竞争自由）、规范公权（防止对公平竞争的随意破坏），完善市场经济的内在竞争秩序。市场经济之所以是法治经济的另一方面，重要原因是市场经济关系在形式上体现着契约关系，在契约面前相关方在事先形式上是平等的，这种“契约”关系不同于传统社会的“身份”，以“身份”为纽带确立的社会关系是与生俱来的、不可改变的等级界定，而“契约”则是平等的，要维护契约的严肃性和稳定性同样要求法治。所以无论是从内容上贯彻的法权原则还是从形式上所体现的契约关系，市场经济必然是法治经济，要求建立法治秩序。道德秩序即在道德约束上对市场经济内在竞争秩序予以支持，市场经济是信用经济，市场竞争制度、商品、价格、货币、交易、买卖、借贷等活动和制度安排都是信用关系。因此，在道德精神领域要求弘扬“诚信”，传统社会道德领域的核心尺度是“忠诚”，即牺牲自身利益而成就他人，这既是道德上评价人的好坏准则，也是约束人们行为的道德规范。从传统经济向现代经济转轨，从传统体制向现代市场经济体制转变，与传统社会经济生活相适应的以“忠诚”为核心的道德秩序发生了根本动摇，而以现代市场经济为基础以“诚信”为核心的道德秩序仍在发育中，或者说仍有待构建，因此在转型期社会道德领域有可能相互间既无“忠诚”也无“诚信”，呈现出所谓“放纵”的道德无政府状态，给现代化文明带来根本性的冲击。所以市场经济内在竞争机制要求完善以“诚信”为核心的道德秩序。法治秩序和道德秩序，从法制和精神两个方面支持市场经济内在竞争秩序，而市场经济内在竞争秩序的培育和完善，从经济制度和运行机制上为相应的法治秩序和道德秩序创造基础并给予历史的推进。①

市场经济秩序如何培育？在经济思想史上是有深刻的分歧的，实际上这种分歧涉及两种不同的经济哲学观，即经济自由主义和理性干预主义。就经济自由主义哲学观而言，市场经济秩序应当是自发的，是在微观行为主体自由竞争中自

① 刘伟：《转轨时期市场经济秩序建设的历史特殊性》，《中国党政干部论坛》2001年第5期。

然生成的，国家只是“守夜人”，即维护秩序至多是顺应分散自发竞争主体的要求，承认其自然竞争收敛的结果，“看不见的手”的存在，不需要国家对秩序的形成直接干预。就理性干预主义哲学观而言，市场经济秩序应当是借助国家作为超市场的力量制定的，并且是在国家监督下发挥作用，市场竞争本身的局限性及多种因素导致的市场失灵，使市场机制难以自动趋于均衡，需要国家主动地干预。在经济思想史上，这两种不同的经济哲学观长期争论，纵观这一争论的演变过程，有两个突出特点。一是不同历史时期和历史条件下，彼此各有消长，但不可能完全相互替代或否定。也就是说，这种分歧是长期绵延的。在古典经济学占主流的时代，经济自由主义自然成为主导，到凯恩斯主义占据主流的时代，理性干预主义超越经济自由主义更为被人关注，后凯恩斯主义时代的种种国家失灵和凯恩斯主义困境，使得理性干预主义面临新的怀疑，经济自由主义重新活跃。随着社会经济发展和历史变化，这种争论还会以各种方式继续下去。二是不同利益集团和不同发展阶段对经济自由主义和理性干预主义的偏好有所不同。说到底，经济哲学观下的经济秩序选择是基于利益的，往往强盛的具有竞争力的经济要求更多地提倡自由主义。古典经济学主张经济自由主义的根本在于当时英国在世界文明中的强盛，不惧自由竞争；19世纪中后期，德国历史学派和美国制度经济学派之所以对经济自由主义提出质疑，重要的原因在于当时的德国和美国尚相对落后，与英国展开自由竞争，其企业尚无足够的优势，所以要求国家干预；战后美国之所以积极提倡自由竞争，重要的原因是自第一次世界大战后美国事实上已取代英德等国，成为世界第一强国，第二次世界大战后美国更成为无可争议的超级大国，现下美国之所以重提贸易保护，强行推行美国优先的单边规则，破坏自由贸易的国际市场竞争秩序，重要的原因在于美国在世界上的经济地位和领先优势遇到了挑战，特别是金融危机带来的冲击，以及以中国为代表的新兴经济体的成长，使之不再那么自信。[①]

（五）关于价值学说与所有制的问题

价值学说是政治经济学乃至全部经济学的理论基础，价值学说无论在经济思想史上还是在我国改革开放的实践中，都是一个有着深刻分歧和争议的命题，因此，每个经济学者，特别是研究政治经济学的学者，在价值学说面前必须有自己的选择。

第一，价值学说的分歧根源在于对待一定的社会生产方式的历史态度和取向，与所有制的历史演变有着深刻的联系。

在经济思想史上，关于价值问题的争论主要集中在劳动价值论和效用价值论的分歧上，这种分歧的早期思想萌芽甚至可以追溯到古希腊时代，但真正形成经济学说体系上的对立，则是在古典经济学产生之后的事情。古典经济学的价值学说是以斯密、李嘉图等为代表所提出的劳动价值学说，认为劳动是价值的源泉，甚至在李嘉图那里被作为唯一源泉，价值理论在古典经济学说体系中占据突出的甚至是核心

① 刘伟：《我的市场经济文化观》，载《我的市场经济观》（上），江苏人民出版社，1993，第927—978页。

的位置，而劳动价值学说又成为其突出特点。为什么古典经济学如此重视价值学说？说到底是出于为资本主义生产方式的历史合理性和必然性的鼓与吹，处于上升时期的资本主义生产方式的解放和发展生产力的优越性并未得到充分显现，能否替代封建制度仍是有待历史证明的问题，因此需要在理论上充分论证这一制度的优越性和必然性，政治学、哲学、法学、经济学等各个学科作为资产阶级的理论，首要任务便是为资本主义制度的优越性及进步性论证。经济学是如何论证它的呢？从政治经济学角度来说，资本主义是优越的、好的，因为它公正有效。为什么是公正有效的呢？因为它贯彻等价交换原则、贯彻法权原则。为什么说是贯彻公平的等价交换原则？等价交换是基于什么实现的呢？因为价格围绕价值波动，等价是根据等量价值进行交换的。那么价值又是怎样创造的呢？价值量又是怎样决定的呢？自然这些关于价值范畴的基本问题，作为价值论，就成为关注的热点。因而价值学说成为热点和核心，是出于符合论证资本主义生产方式历史必然性的要求。那么，为什么在古典经济学时代劳动价值论占据主流地位呢？以劳动价值论为主流价值理论，要从价值理论上肯定无产阶级劳动的正义性和合理性，资产阶级政治经济学为什么要肯定无产阶级劳动的正当性？是因为资本主义生产方式本质上是资本雇佣劳动的方式，资产阶级与无产阶级的统一构成资本主义生产方式，上升时期的资本主义生产方式要替代封建主义生产方式，必须作为统一整体来对抗并替代封建主义生产方式，其最主要的反对力量是封建贵族，因此在不否定资本的正当性的前提下承认劳动的正当性是维护那一时代资本主义生产方式的历史需要，如果对劳动正当性的肯定威胁到对资本的肯定，那么就要放弃劳动价值论。所以，在斯密的价值学说中，除劳动价值论外，还提出了另一价值学说，即要素效用价值论，认为价值是各种要素即资本、劳动和土地共同创造的，以肯定资本的正当性。不过斯密特别指出，在开始时期即以封建主义为主要对立面且未战胜封建力量、资本主义生产方式尚不稳定时，以劳动价值论为主，当资本主义生产方式稳定后则以效用价值论为主。可见，古典经济学之所以提出劳动价值论，同样是服务、服从于为资本主义生产方式论证的需要。19世纪中叶后，古典劳动价值论破产，其在经济学中的主流地位被效用价值论取代（先是客观效用价值论，以1871年边际革命为界，后为主观效用价值论），之后则沿袭斯密二元价值论学说，更加彻底地站在资产阶级立场上为资本利益辩护。到19世纪末20世纪初，在马歇尔进行的经济学整合过程中，以均衡（局部均衡）价格学说取代了价值学说，价值学说不再构成西方资产阶级经济学的核心内容，发现均衡位置的均衡价格学说成为经济学的基础，原因同样在于维护资产阶级利益和资本主义生产方式的需要，因为资本主义生产方式已经成为历史不可逆转的必然，所以不再需要论证为什么要采取资本主义制度，即不需要在理论上更多地论证其优越性和必要性，而更多地需要论证如何运用资本主义生产方式，怎样运用资本主义生产方式才能实现资本的利益最大化，进而均衡价格、资源配置的均衡状态即资本利益最大化的实现位置和机制就成为资产阶级经济学主流的讨论热点。

马克思主义的劳动价值论学说作为对资产阶级政治经济学批判的内容，就是要从价值论的角度揭示资本主义生产方式的不合理性，因此在古典劳动价值论破产的基础上，马克思批判地继承发展了古典劳动价值论，进一步深刻阐释了劳动是价值的唯一源泉，劳动量（社会必要劳动时间）是决定价值量的唯一尺度，资本和土地等要素的收入都是通过市场机制实现的对劳动创造的价值的无偿占有（剩余价值的占有），这样马克思的劳动价值论就成为其剩余价值理论的基石，而剩余价值理论则深刻揭示了资本主义制度的扭曲和历史局限，进而指出了它必然被以社会共同占有为所有制基础的未来社会所替代的历史必然性。①

第二，马克思主义劳动价值论在中国特色社会主义市场经济实践中面临的挑战。

中国特色社会主义政治经济学需要坚持马克思主义劳动价值论，一是出于阶级立场的需要，马克思主义劳动价值论否定资本主义生产方式的合理性和永恒性，阐释无产阶级的社会主义（共产主义）生产方式的必然性和优越性，中国特色社会主义政治经济学作为指导社会主义事业发展的学说，当然要坚持这一阶级立场。二是马克思主义劳动价值论在价值取向和理论逻辑上，是彻底否定一切私有制的正当性及合理性的，资本主义生产方式是人类发展史上最高级的也是最

① 刘伟的《经济学为什么要研究价值理论——兼论马克思劳动价值论面临的历史性挑战》，载《经济理论与经济管理》（2003年第5期），后被《内部文稿》（2003年第10期）、《红旗文稿》（2003年第5期）、《新华文摘》（2003年第9期）全文转载。

终的私有制形态，市场经济机制是资本主义私有制的运动实现机制，因而市场机制与资本主义私有制是有机统一体，价值范畴和价值形式的存在，本身就是资本主义私有制下市场机制运动的表现形式，所以“价值”本身是不合理的，是一种对人类劳动社会性的扭曲，是人类生产社会性的直接性的异化，是人与物关系的历史颠倒，未来理想社会（自由人联合体）是不存在私有制和市场制度的，也是不存在“价值”的。中国特色社会主义市场经济仍远未达到未来共产主义理想社会的发展水平，社会主义基本制度仍不可能是纯粹的社会共同公有制，经济运行机制还需要以市场经济机制作为配置资源的决定机制，“价值”范畴仍是客观存在，不可能取消所有制上的多元性，不可能取消市场，不可能取消商品货币关系。但是，一方面不忘初心，我们的根本追求是共产主义，最终消灭一切私有制，取消市场机制带来的异化；另一方面历史地对待、实现共产主义的漫长历史过程，在现阶段以中国特色社会主义市场经济的方式而不是以取消市场经济的方式，是最为符合生产力解放和发展要求，进而最能够实现共产主义，最能够历史地推进共产主义进程的。这就是我们坚持马克思主义劳动价值论的初衷和必要。

但马克思主义劳动价值论的取向和逻辑是否定市场机制的正当性的（认为它是与资本主义私有制相联系的），如何把坚持马克思主义劳动价值论与建设中国特色社会主义市场经济真正统一起来，是有挑战性的，这既是马克思主义劳动价值论面临的理论挑战，更是中国特色社会主义建设者面临的实践挑战。[1]

其实，理论界关于马克思生产劳动学说的争论，特别是关于“服务”劳动的生产性的争论，本质上反映的不是哪种形态劳动（是物质资料生产还是劳务生产）创造价值，价值的本质与生产劳动的自然形态无关，价值的本质是一定的社会生产关系，马克思生产劳动学说特别区分了这种自然形态与社会形态，认为在社会形态上，只要体现资本主义生产方式的本质（提供剩余价值），无论是物质资料生产还是劳务生产都是资本主义生产劳动，都提供价值并形成剩余价值，反之，只要不体现资本主义生产性质，无论是物质资料生产还是劳务生产都不是资本主义生产劳动。因此，学界关于服务是否创造价值，进而第三产业是否是产业的争论，不应以生产的自然形态区别作为争论的焦点，而应以是否体现社会主义生产方式（在资本主义社会则视其是否体现资本主义生产方式）的本质要求为划分标准。问题在于，社会主义与市场机制在马克思学说中是对立的，因而在否定资本主义私有制社会进入公有制社会后，就不应也不必存在价值、商品、货币、市场关系，不应以价值的方式体现社会主义本质要求。说到底，真正的挑战还在于社会主义制度与市场经济机制间的统一问题，这是马克思主义劳动价值论在当代中国特色社会主义市场经济实践中真正遇到的挑战。[2]

---

① 刘伟、黄桂田、李绍荣：《关于我国转轨期所有制变化的历史“合理性”考察》，《北京大学学报》2002年第1期。

② 刘伟：《经济学教程——中国经济分析》，北京大学出版社，2005。

（六）社会主义基本经济制度与市场经济的相互关系问题

第一，社会主义基本制度的本质和市场经济对所有制（权）的基本要求。

社会主义制度的经济基础在于建立生产资料社会主义公有制，社会主义社会经济之所以区别于其他社会，根本原因在于以公有制为主体。公有制的实现形式可以有多种，随着改革发展的深入，还可能创造出新的实现方式，但无论何种形式的公有制，无论这种公有制与马克思所说的未来理想社会（共产主义高级阶段）的社会公共占有制有怎样的不同，都应具有最本质的“公有”特征，即在个人之间没有排他性的界区，尽管这种“公有”的范围和程度可以有区别，但根本上要区别于以个人为最终所有者的私有制。

市场经济作为交易机制，本质上相互交易的是所有权，是不同所有者之间相互让渡所有权，所有权未发生转移并不构成市场交易，因此市场经济机制对于所有权的基本要求在于可交易性，不可交易的所有权是不能通过市场机制进行配置的。怎样保证所有权（产权）的可交易性？在制度上至少要满足两条原则。一是所交易的所有权（产权）是单纯的经济性质的权利，不具有超经济性质。权利运行的规则首先取决于权利的性质，不同性质的权利有着不同的运行规则，政治的、法律的、宗法的、行政的、经济的等性质均有不同。各种性质的权利当中唯独经济性质的权利在一定历史条件下可以贯彻等价交换的规则，通过市场交易实现权利的配置和运行。其他权利有其各自性质规定的独特规则，不能贯彻等价交换的交易规则。因而，通过市场交易进行的权利运行，首先必须要求权利本身是单纯经济的，不具备政治的、行政的、宗法的等超经济性质，否则不可能也不应当首先服从市场经济准则。马克思在分析商品货币产生的历史原因时指出，私有制的出现和社会分工的发生是产生商品交易关系的基本条件。这两个基本条件应当说古已有之，在人类原始社会末期就开始出现，但市场交易制度却是资本主义文明的结果。为什么私有制和社会分工早已出现但却没有逻辑地产生市场文明？主要是前资本主义社会的私有制具有普遍的超经济强制，人们对于土地与生产资料的所有权并不是单纯独立存在的经济性质的权利，而是依附于各种超经济权利的“奴仆”，是各种超经济特权之下的附属权利。有了超级特权相应地就有了资产权，失去特权也就丧失了资产权。人们对于资产的权利没有独立按照经济性质权利运行的可能，资产权不是作为经济权利按照经济规则运行，而是作为超经济强制所有的依附，首先必须服从超经济强制的要求，因此虽有私有制和私有产权，但却不存在所有权市场交易制度方式。资本主义生产方式的历史进步性，在于使资本私有所有权不仅成为独立的经济存在，而且作为“资本主义”，使社会政治、法律、行政、宗法、文化等方面的非经济性质的权利成为依赖于“资本”这一经济性质权利而存在的权利，“资本”就有了独立的经济性质的存在，经济规则即买卖交易规则可以得到贯彻，并且“资本”作为经济性质的权利，首先服从市场交易规则并通过市场机制实现其运行。所以，市场经济作为一种历史文明未能与前资本主义社会的私有制和社会分工相统一，只是到资本主义才成为资源配置的基本方式。无论在什么社会制度条件下，运用市场机制配置资源及资源背后的所有权必然是经济性质的，进而才可能服从市场规则。二是参与市场交易的所有权主体相互间要有排他性的界区。交易的实质是不同产权主体的所有权相互转移，所有权主体相互间若无排他性的界区，也就谈不上相互间的权利让渡，也就不存在严格意义上的市场交易。前资本主义社会虽然有私有制，但由于种种原因私有制下的产权边界并不清晰，权、责、利的界定并不明确，因而真正意义上的所有权交易难以普遍发生，即使有所发生，其摩擦也是严重的，交易成本高昂，最终往往阻碍交易、阻断交易，使交易发生的可能性和有效性大大降低，欧洲中世纪的情况大体如此。资本主义生产方式是以资本私有制来实现产权界定的，从而使得交易界区在所有私人资本之间得以建立，以所有权相互让渡为实质的市场交易得以普遍发生，并且按照西方产权理论的观点，这种排他性界区越清晰，即资本私有制越纯粹，市场交易越有效，交易成本越低，进而资源配置越有效。这两个方面的基本条件，其一是保证交易的可能性，其二是保证交易的有效性。在人类经济发展史上，资本主义生产方式首先以资本私有制来创造这两个方面的基本条件，进而使资本主义私有制与市场经济机制首先在发展史上实现统一。中国特色社会主义市场经济面临的问题是：如何统一公有制本质特征与市场经济机制对所有权的基本要求？这是需要在改革中付出艰苦探索的。一方面是如何在公有制为主体、多种所有制经济共同发展的基本制度下实现不同所有制经济之间展开真正意义上的市场交易，另一方面是占据主体地位的公有制经济本身以怎样的方式，在不失其公有制本质特征的基础上，满足市场经济对企业所有权对上述两个方面的基本要求。①

第二，统一公有制与市场机制。

在公有制占主体的基本经济制度基础上培育起决定性作用的资源配置的市场经济机制，是中国特色社会主义市场经济的制度性难题，也是根本性问题。

这一问题至少包含两个层次，一个层次是基本制度和机制上的，另一个层次是政府与市场运行方式上的。就第一个层次而言，首先，在理论上能不能或者应不应当统一社会主义公有制与市场经济是一个存在严重争议的问题。西方正统经济学是根本否定这种统一或兼容的可能性的，认为市场经济机制只能与资本主义私有制相联系，要使市场机制成为配置资源的支配机制，只能在所有制上采取资本主义私有化。同时，经典的马克思主义经济学也是根本否定这种统一的可能的，认为公有制建立起来之后市场经济关系将不再存在，因为市场机制所要求的财产制度——资本私有制已经不存在。所以要解决这一问题，需要在理论上突破两个传统，即西方正统经济学的传统和经典马克思主义理论的传统。其次，在实践上，人类历史上第一个建立社会主义制度的苏联，在初期“军事共产主义”时全面取消市场，受到严重挫

① 刘伟：《所有权的经济性质、形式及权能结构》，《经济研究》1991年第4期。该文章获第一届全国青年优秀社会科学成果一等奖。刘伟：《中国特色社会主义政治经济学必须坚持马克思劳动价值论——纪念《资本论》150周年》，《管理世界》2017年第3期。该文被《新华文摘》2017年第13期转载。

折后曾力图恢复市场关系（列宁的新经济政策），但遇到其基本制度的根本抵触，最后长期采取否定市场的斯大林模式的计划经济。进入经济改革的转轨的原计划经济国家，自20世纪50年代开始尝试改革，初衷是力图在坚持公有制基本制度不变的前提下引入市场竞争机制，以兼得两方面的优势，但均未获成功，80年代进入转轨新时期后，纷纷放弃了公有制，以全面私有制（化）来支撑市场机制的培育，正如西方学者以所谓的“华盛顿共识”概括的状况。中国特色社会主义的探索，需要在理论和实践上创造性地处理公有制与市场机制的统一兼容问题，这也是中国特色社会主义最突出的经济制度和机制特征，并以此作为推动解放和发展中国社会生产力的重要制度和体制保障，以证明中国特色社会主义的强盛生命力。就第二个层次而言，重要的是在经济运行实践中如何确定政府和市场的关系。关键在于功能的定位和制度上的分工与衔接，尤其是对于发展中国家以及体制转轨国家来说，转变中的政府和发育中的市场两方面的变化及不确定性，使得资源配置中的政府与市场间的相互关系难以处理，可能导致政府失灵的同时市场也失灵，使资源配置既无公平又无效率。中国特色社会主义市场经济明确市场机制在资源配置中发挥决定性作用，更好发挥政府作用，这一原则是正确的，需要在改革和发展的实践中深入贯彻并不断完善。[①]

---

① 刘伟：《中国经济改革对中国特色社会主义政治经济学根本性难题的突破》，《中国社会科学》2017年第5期。

二 经济发展与产业结构演进

（一）“发展”实质与结构质态

“经济发展”在“二战”前并不被重视，理论上也未曾有更多的关注和讨论。“发展”问题之所以被经济学重视，是因为“二战”后一些落后的发展中国家在政治上相继独立之后，如何摆脱经济发展上的落后和贫困成为突出问题。“发展”被提到议程上，但落后的发展中国家并不具备相应的理论准备，西方发达国家的资产阶级正统经济理论成为“二战”后发展经济学的主流。当时我国作为贫困的发展中国家，改革开放的基本使命便是解放和发展生产力，推动经济成长，因此，“发展”命题始终是人们关注的重要问题，而“发展”命题中的重要问题便是结构演进。我有机会较早地参与了20世纪80年代国务院发展研究中心和国家计委组织的中国产业结构问题的研究，与杨云龙等合作，开展了较系统深入的探讨。①

第一，发展与增长的重要区别在于结构演进。

发展不同于增长，这种不同不仅是社会、政治、文化、经济等各方面的全面协调发展与单纯的经济增长不同，而且即使是经济发展也与经济增长不同。这种差异集中体现在：

---

① 我与杨云龙1987年合作出版的《中国产业经济分析》（中国国际广播出版社，1987年12月版），是国内学术界较早也较系统地对产业结构进行比较研究的著作。另外，我主笔出版了《工业化进程中的产业结构研究》（中国人民大学出版社，1995年12月版），获第四届北京市哲学社会科学优秀成果一等奖，同时获1996年度孙冶方经济科学奖著作奖。

经济增长主要是经济规模的扩张，经济发展则更强调经济结构的演进。经济增长集中体现为量的转变，一国经济可以在结构不变的条件下，通过要素投入量的不断扩大实现总产出规模的扩大，进而实现经济增长，并且借助要素投入规模的扩张完全可能形成高速增长。但由于技术和制度并未创新，因而效率未得到提升，结构未能升级，结构质态仍停留在原来的高度，形成有高速增长但却无结构演进的质态提升，即有增长而无发展的格局。所以“发展”尤其强调要素效率和全要素生产率的提升，效率提升才能推动结构升级，结构高度的演进是效率改变的函数，因而“发展”特别需要创新，包括技术创新和制度创新，而创新只能是长期持续累积的结果。所以，一方面，发展不同于增长，增长可以是短期即可见效的数量增长，动员更多的要素投入国民经济体系之中，在短期内完全可能实现，集中计划经济体制在短期内更具动员能力，但发展由于更强调结构演进，因而要求效率提高进而要求持续创新，所以必须是长期持续累积才能形成升级演变。另一方面，发展不同于增长，还在于增长可以是在发展方式（包括技术方式和制度方式）不变的条件下，通过动员要素投入量的扩张而拉动的经济规模增长，而发展则必须依靠创新。创新本身意味着发展方式的不断改变，发展的实质在于结构质态的改变。对于落后的发展中国家而言，这种结构质态的改变首先是从传统农业经济质态转变为工业化的经济结构质态，因此工业化成为战后发展中国家实现发展的基本内容。而如何实现工业化和选择工业化结构模式，根据西方主流经济学家的理论设计，即以发达国家（已实现工业化并进入后工业化的发达经济体）的结果作为发展中国家的目标结构，以发达国家的经济发展历史结构演进阶段性特征作为发展中国家的阶段性结构衔接，对照发达国家结构演进的历史和现状，确立发展中国家结构演进的目标，在比较结构性差距中明确发展的重点和补短板的产业方向，逐渐实现工业化。但这种发展战略在实践中不仅未能有效实现工业化，反而扩大了与发达国家的发展差距，同时也加大了发展中国家资本短板和外汇短缺的“双短缺缺口”，加剧了经济失衡。[①]这说明发展中国家的结构升级需根据本国国情和资源禀赋的特点，而不应机械地依照发达国家的模式。

第二，实现发展的真正困难在于结构转换。

发展的实质在于结构质态升级，同时发展的真正困难也在于结构转换。一方面，结构转换是效率改变的函数，而提升要素效率和全要素生产率是较扩大要素投入量更为艰难的事情。发展中国家与发达国家经济发展的差距，在数量上表现为经济总量和人均水平的差异，在质量上表现为经济结构高度的差异，在动力上则集中表现为效率的差异，这要求技术和制度的创新，而创新是极为艰难的。另一方面，结构转换必须设定转换程序，在实践中必须处理协调工业化与农业现代化之间的关系，必须处理协调城市经济与农村经济二元结构的转换逻辑，必须处理协调农村大量剩余劳动力在工业化进程中的转移问题。这种二元经济的转换，在一定阶段孰轻孰重、孰先孰后，看起来是转换程序问题，本质上是发

① 刘伟、方敏：《中国经济改革历史进程的政治经济学分析》，《政治经济学评论》2016年第2期。

展转换中经济结构各个方面的相互关系处理问题。协调这种二元结构转换程序和相互关系，是十分困难复杂的事情，对于大部分发展中国家特别是经济转轨国家来说，都有深刻的教训。发展经济学家提出的种种转换程序设计，无论是集中发展城市现代工业经济并以此为前提逐渐吸纳农村劳动力转移，最终实现城乡之间和工农业之间均衡的方式，还是优先发展农村经济并以此为基础推动农业现代化缩小城乡差距和工农业差距的道路，在发展实践中大多由于脱离具体国情而失效。中国的发展在结构转型上具有自身的特色和经验，特别是中国在城市现代部门与农村传统农业部门二元经济转型过程中，“离土不离乡”的乡镇企业发展等，具有鲜明的开创性。[①]

第三，“发展”要求必须转变发展方式。

转变发展方式说到底是改变以要素投入量扩大为主拉动经济增长的模式，使之转变为以要素效率和全要素生产率提高为主要动能拉动经济增长。而在实现效率提升所需要的经济体制上，经济发展史表明，充分竞争的市场机制是资源配置最为有效的方式，发展中国家经济之所以落后，效率之所以低下，根本的制度和机制原因便在于传统的经济制度和机制缺乏现代市场经济机制的竞争性效率，所以人们往往又从实践发展的机制上，把“发展”定义为从传统发展方式向新的发展方式转变的过程，具体来说即为从传统的资源配置

① 刘伟、杨云龙：《中国产业经济分析》，中国国际广播出版社，1987。

方式转变为现代市场经济体制，即市场化。[①]按照西方资产阶级正统经济学的解释，把“发展”定义为体制上的“市场化”，具体实现途径即所谓的“华盛顿共识”。然而按照所谓的“华盛顿共识”所设计的路径，无论是发展中国家（如拉美发展中国家），还是经济转轨国家（如苏联及东欧一批由计划经济向市场经济转轨的国家），都没能取得预期的效果，这表明实现体制的现代市场化，并非简单采取私有化和竞争的自由化就可以实现的，市场经济的培育是一个极为复杂的社会历史变迁过程，尤其要从各国发展的具体历史实际出发，不存在西方主流经济学所设计的统一模式，更不存在所谓的唯一模式。中国改革开放以来的经济发展在高速增长的同时，包含了经济结构升级的质态发展，结构升级的质态改进在产业结构高度提升的同时，具有要素效率和全要素生产率上升的支撑，而这种要素效率和全要素生产率的提升在相当大的程度上来自市场化的推动，资源配置越是从传统低效率的领域转移至新培育的竞争性市场机制内，其效率越可能提升，中国特色社会主义市场经济改革的深化是中国经济发展中效率提升的重要制度因素。[②]而中国发展真正的差距恰恰也在效率水平不够高，结构升级动力不足的深层原因也在效率上升速度慢，根本原因则在于创新力包括技术创新和制度创新仍不够强，而在生产力发展遇到严重的制度瓶颈

① 刘伟：《经济发展和改革的历史性变化与增长方式的根本转变》，《经济研究》2006年第1期。该文被《新华文摘》2006年第7期转载。

② 刘伟、李绍荣：《所有制变化与经济增长和要素效率提升》，《经济研究》2001年第1期。

时，解放和发展生产力的关键便是生产关系的变化，因而在这种条件下，制度创新甚至重于技术创新。[①]

第四，深刻认识经济发展中产业结构的演进规律。

许多经济学家对经济发展中的产业结构演进规律做过深入研究。在市场机制引领创新提高效率的基础上推动产业结构升级，需要政府制定相应的产业政策，包括产业结构政策和产业组织政策，关键要处理好政府和市场的关系。而正确科学地认识不同发展阶段的产业结构演进的特点和规律，对于引导推进产业结构的市场演变，具有极为重要的意义。在经济思想史上，克拉克、库兹涅茨、霍利斯·钱纳里、塞尔奎因等都做过很有影响的工作。首先需要切实准确地判断经济发展中产业结构达到的高度，从而能在发展质态上准确地判定发展所达到的阶段和水平，这种结构质态规定的发展阶段和水平要比通常国内生产总值（GDP）水平（包括总量和人均水平）所表现出来的经济发展阶段更为准确、客观。然后才能通过比较的和历史的分析，认识在相应的经济发展阶段经济发展的特点，特别是相应的经济结构演变的规律，根据这种规律来确定相应的发展战略和产业政策才能更符合国情并有效。从结构高度上来说，我国现阶段仍处在工业化加速的中后期，工业化仍未完成，虽然已开始出现某些后工业化社会的结构特征，如第三产业的增长速度超越第二产业，第三产业在经济存量和GDP中的比重已开始超越第二产业，但在工业化仍未完成的发展阶段，第二产业特别是制造业的

① 刘伟：《在总结探讨中国改革实践中推动政治经济学建设》，《经济研究》2015年第12期。

发展与提升仍是这一时期发展的根基所在，无论是技术进步还是增加就业、带动经济增长、提升经济结构高度，工业制造业均有着核心地位和作用，壮大实体经济是这一发展时期经济结构演进的客观要求。[①]对于处于双重转轨进程中的国家经济发展来说，这一阶段的第三产业发展具有双重历史作用，一重作用是作为产业发展带动经济增长的同时带动经济结构升级，另一重作用则是作为支撑现代市场经济体制的现代服务业推动市场发展的体制转轨，即经济发展的作用和体制转轨的作用。相比较而言，在工业化加速期，第三产业对经济增长的拉动和对经济结构升级的促进作用与第二产业发展相比处于次要地位，工业化加速期的经济增长和结构升级首要的产业力量是工业制造业，但第三产业在体制转轨中具有不可或缺的作用。[②]因为现代市场经济机制得以运行的来自服务业部门的支撑，主要是现代服务业部门，诸如金融、信息、商务、法务等服务业的发展，既形成经济增长，更是市场机制存在所不可缺少的。在历史上资本主义市场经济发育时期，是先进行所谓的商业革命，而后展开产业革命，在工业化之前服务业就已有相当程度的发展，主要是围绕构建市场机制所需要的体制性服务部门，在市场化进程中率先成长起来，然后在市场化体制条件下开始加速产业革命、推动

① 刘伟、杨云龙：《工业化与市场化：中国第三产业发展的双重历史使命》，《经济研究》1992年第12期。

② 关于服务业的生产性问题自20世纪20年代苏联学术界就开始争论，80年代我国也掀起讨论热潮。参见刘伟：《第三产业与国民收入》，《体制改革探索》1985年第2期。又见刘伟：《论服务的使用价值和价值》，《北京大学学报》1985年第2期。

工业化，所以在工业化加速前期，服务业就已经占据相当大的比重。而在工业化进程中，第三产业在国民经济中所占比重，并未显著上升，显著上升的是工业制造业的比重，第三产业比重显著持续上升并替代第二产业成为经济增长和发展的首要产业拉动力，是在工业化加速期之后，即在工业化完成后，作为“后工业化”发展的新特点出现的。因此，在工业化加速期的产业结构政策选择上，应着重提升工业制造业水平以作为拉动经济增长和发展的首要产业动力，同时大力发展第三产业应着重培育现代市场机制发育和完善所需要的现代体制性服务业，以作为现代市场化的产业基础。①

第五，关于产业政策问题的讨论。

产业政策问题在我国改革开放后不久便成为理论与政策研究中普遍关注并且产生较严重分歧的问题。一方面，选择重点产业发展往往是落后的国民经济力图实现赶超式发展的自然选择，进入改革开放新时期的中国经济亟待摆脱落后、实现赶超目标，在其雄心勃勃的赶超战略中，产业政策不能不被特别重视，因此政府相关部门开展了一系列关于产业政策的调研，并推出了相应的产业政策规划。另一方面，推进市场化改革需要统一协调发展与改革的关系，不能盲目改革，改革的目的是推动发展，因而如何提高改革对发展的推动作用，提高改革的针对性、目的性和有效性，成为普遍关注的问题。以产业政策来衔接改革与发展，通过产业政策明确发展的产业重点和结构升级的方向，通过改革为相应的产

① 刘伟、李绍荣：《产业结构与经济增长》，《中国工业经济》2002年第5期。

业发展和结构升级创造体制机制条件，于是，产业政策问题成为当时人们普遍的关注。[①]在国务院发展研究中心马洪、孙尚清的主持下开展了全国性的产业政策和产业结构调研，并形成了系列研究报告，由周林同志具体负责。在国家计委（现为国家发改委）产业规划司组织和领导下更是研究制定了相应的政策，刘鹤同志当时是骨干成员。

产业政策通常包括产业组织政策和产业结构政策。在“二战”后各国经济实践中早已有之，特别是产业组织政策更是历史悠久。产业结构政策系统性的提出则是“二战”后的事情。在法国战后的恢复和实施所谓“计划化”时期，产业结构政策及规划就被提出，但产业结构政策真正实施则是以“二战”后的日本为典型。欧美发达国家事实上也存在产业政策，不同的是其更具长期战略性，而且在实施过程中是通过竞争性的市场机制，而不是更多地通过政府行政性计划指令进行的。传统计划经济国家的产业政策长期构成其发展计划的重要内容，不同的是其更具行政性，在实施过程中是通过集中计划机制，而不是通过市场机制进行的。争议主要集中在四个方面：一是要不要制定系统的产业政策，特别是产业结构政策，或者说产业结构的形成和演进应主要依靠市场竞争的过程还是政府政策性的规划确定。二是若需要制定并实施产业政策，应如何确定政府与市场的关系。实际上是怎样看待经济发展中结构演变上的自由竞争和政府干预的不同观念的分歧。三是如何评价产业政策的效率。长期看政

① 杨云龙、刘伟：《历史的多维的中国宏观经济理论建设——中国宏观经济理论讨论会评述》，《经济研究》1988年第8期。

府产业政策带来的发展效率怎样，包括其中可能产生的“寻租”和对市场公平竞争秩序破坏的认识。四是怎样看待产业政策的风险。市场自发自由分散竞争，在竞争基础上收敛形成的产业结构或许更能分散风险，集中政策性确立产业结构引导产业结构演进，其发展风险相对更为集中，而且更具战略性。①

（二）从“贫困陷阱”到“中等收入陷阱”

经济学研究发展命题，重要的目的在于使落后国家摆脱贫困。改革开放初期的中国经济是处于贫困状态的经济，即温饱尚未得到真正解决。因此，中国的发展首先面对的是怎样迅速摆脱贫困，中国的经济理论和政策关于发展问题的研究，一开始就高度关注贫困问题。

贫困本身具有累积性效应，即贫困可以成为再贫困的原因，形成贫困复贫困的恶性循环。从需求端看，由于贫困（人均收入水平低），人们购买力低，市场需求低，进而对投资者吸引力弱，投资增长慢导致经济发展迟缓，进而新兴部门就业机会增加少，伴随人口增长，人均收入水平再降低（贫困）。从供给端看，由于贫困，人均收入水平低，储蓄水平低，储蓄转化为投资的能力弱，投资增长能力弱，则经济增长慢，就业机会增加少，伴随人口增长，同样导致人口收入降低，更为贫困。这种贫困的循环又被称为“马尔萨斯陷阱”，成为困扰发展的重要难题。如何打破这种恶性循

① 刘伟、杨云龙：《比较经济学——发展·体制·政策》，中国财政经济出版社，1990。

环，为落后经济培育增长动能？西方资产阶级经济学尽管开展了许多研究，但无论是在理论上还是在实践上，正统资产阶级发展经济学并未取得成功。中国特色社会主义经济发展所取得的摆脱贫困的成就，的确给世界展示了中国道路的智慧和自信，其中的经验包括教训，需要从理论上深入系统地总结提炼，为形成中国特色社会主义经济学提供养分。[①]例如以杜润生先生为首的关于中国农村经济发展问题的长期研究，获首届中国经济理论创新奖，具有深远的国际意义。

“中等收入陷阱”是2006年前后世界银行的有关专家对东亚泡沫现象进行研究后概括性提出的概念，应当说并不一定严谨，其出现也并不成为客观历史规律，并不具历史必然性，因而有学者认为“中等收入陷阱”是一个伪命题。但其作为一种经济发展达到一定阶段后出现的经济现象还是存在的，至于是否有其客观必然性、中国是否难以绕开其困扰，则是另一个命题了。从现象上来说，的确有些国家进入中等收入阶段之后经济成长长期处于停滞状态，特别是越接近高收入发展门槛，其遇到的阻力和困难越严重，矛盾和问题越复杂。诸如20世纪70年代出现的“拉美漩涡”，一些拉美国家自70年代达到当时国际社会上中等收入水平之后，至今已40多年未能实现向高收入阶段的跨越；80年代出现的“东亚泡沫”，一些东亚国家自80年代达到上中等收入水平之后，至今已30多年未能实现向高收入阶段的跨越；90年代末出现

① 刘伟：《总结克服“贫困陷阱”经验，开启新时代现代化新征程：学习党的十九大报告关于新发展理念重要方略的体会》，《经济理论与经济管理》2018年第1期。

的“西亚北非危机”，陷入危机的国家自90年代达到上中等收入阶段之后，至今20多年仍未实现跨越。形成这些现象背后的原因是极复杂的，而且不同国家在不同历史条件下有其特殊性，用所谓的“中等收入陷阱”加以概括，在理论上是否严谨和科学需要讨论，但进入中等收入特别是上中等收入阶段后，出现长期停滞和动荡危机的状况，必须予以高度重视，深入剖析其原因，以帮助我国制定发展战略，成功跨越“中等收入陷阱”。从发展阶段上看，统计数据显示，我国2010年人均国民收入水平（按汇率）折算为美元达到世界银行的上中等收入起点线的，如何处理进入上中等收入发展阶段以后的可持续发展问题，对我们提出了新的历史性挑战。因而，关于“中等收入陷阱”的研究，成为人们关注的热点问题。中国特色社会主义在回答如何克服“贫困陷阱”方面，向世界展示了中国方案及智慧，新时代中国特色社会主义需要在回答如何跨越“中等收入陷阱”的过程中，进一步增强理论自信、道路自信、制度自信及文化自信。①

（三）中国仍然是发展中国家

自改革开放以来，中国保持了高速增长，经济发展水平有了显著提升，中国正在逐渐走近世界舞台的中央，因而“修昔底德陷阱”的作用越来越显现，如何看待中国发展达

① 刘伟：《中国经济增长报告2011：克服中等收入陷阱的关键在于转变发展方式》，中国发展出版社，2011。刘伟：《突破“中等收入陷阱”的关键在于转变发展方式》，《上海行政学院学报》2011年第1期。后一文章被《新华文摘》2011年第10期转载。

到的水平成为国际国内热烈讨论的话题。

事实上，从发展的角度，尤其是从经济结构质态演变上看，中国仍是一个发展中国家，这意味着我们的发展水平还不十分高，与现代化目标仍有较大距离，与发达国家相比仍有很大的差距，同时我们仍处在重要的战略机遇期，处在实现现代化、赶超发达国家的发展加速期。从国际比较上看，无论是根据世界银行的人均国民总收入（GNI）还是按照联合国的人类发展指数，现阶段的中国都属于发展中国家。从国内发展的结构质态上看，产业结构的提升仍然滞后，地区间、城乡间发展很不平衡，发展中国家经济二元结构特征仍然显著，特别是从比较产业生产率看，仍远低于发达国家水平，第一产业劳动生产率仅相当于发达国家平均水平的15%左右，第二产业劳动生产率仅相当于发达国家平均水平的46%左右，全要素生产率还不到美国的一半，甚至低于韩国水平，增长质量不高。[①]当然这些一方面是发展的不足，另一方面也是后发优势和可持续发展的潜力所在。

从人均收入水平看，对于发展水平有许多排序方法，如人类发展指数、幸福指数、国际竞争力、宜居程度等，但使用最普遍的是人均国民总收入（GNI），或人均国内生产总值（GDP），其他各种度量发展水平的指标和方法，都与GNI和GDP有较高的相关性。从世界各地区的发展看，中国与上中等收入发展中国家的人均国民总收入（GNI）是相当的。从产业结构高度上看，首先与美国比较，中美两国的增

① 刘伟、张辉：《我国经济增长中的产业结构问题》，《中国高校社会科学》2013年第1期。

加值结构表明，中美两国处于完全不同的发展阶段。2016年美国三大产业所占比重分别是1.2%，20.3%，78.5%，属于后工业化时期的现代产业结构，我国三大产业所占比重则分别是8.6%、39.8%、51.6%，尽管已形成了第三产业居首位、工业制造业次之、第一产业最小的现代产业格局，但从具体比例关系上看，仍是处于工业化加速发展进程中的结构高度。中美两国的就业结构进一步表明中美两国处于不同发展阶段上的显著差异。美国的增加值结构和就业结构是非常接近的，且多年来变化不大，2016年三大产业的就业比重分别为1.1%、20%、78.9%，而中国的增加值结构与就业结构差别显著，2016年三大产业的就业比重分别为27.7%、38.8%、43.5%，不仅与美国的就业结构相差显著，而且就业结构与增加值结构之间出现严重不平衡、不对称，尤其是第一产业，就业比重为27.7%，而增加值占比仅为8.6%，说明我国第一产业的劳动生产率显著低于第二产业、第三产业，美国则大体均衡（第一产业就业比重为1.1%，相应增加值占比为1.2%），表明中国新时代的产业结构仍有明显的二元结构特征。目前中国第三产业占比与发达国家一般水平之间存在很大差距，发达国家第三产业的增加值和就业占比大多达到70%以上，我国2016年第三产业增加值占比为51.6%，就业占比为43.5%，差距显著。如果持续发展不发生停滞，按照每年提高一个百分点计算，那么要达到发达国家的产业结构高度，中国还要用20年左右的时间，即在2030年前后达到这一结构水平。[①]

中国经济发展的结构性差异还表现在区域发展和城乡差距上。21世纪初，我国发达地区和欠发达地区的人均GDP差别在十倍以上，现已缩小了一半，但区域间发展差距仍然比较明显。从人均GDP水平地区和人口分布来看：在人均GDP 6000美元（平均水平8000美元以下，2016年）区域的人口大约有8亿人，约占我国人口的57%，分布在我国经济发展水平较低的地区；在人均GDP8000～12000美元区域的人口约4亿人，约占我国人口的28%（即所谓中国现阶段的中等收入群体）；在人均GDP12000美元以上区域的高收入群体，约占总人口的15%，集中分布在我国经济发达地区。这种发展水平的地区人口分布结构，一方面表明中国经济结构上的不均衡，另一方面也表明中国经济后发优势的潜力。客观认识其作为发展中国家的发展特点，充分释放区域差距形成的发展梯度推进潜力，是中国作为发展中的经济大国能够保持持续发展的重要基础。中国发展中的地区差距与城乡差距相关程度很高，一般而言，一个地区的城镇化率越高，其经济发展水平相应地也就越高；而城镇化率较低的地区，大都以农业为主，承载着大量的传统农业就业人口，相应地发展水平低，城镇化与地区发展水平之间相关系数高达0.8996（根据2016年数据计算）。从总体上说，我国城镇化率还不高，为58%左右，分布也不均衡，城镇化率超过60%的只有10个省（市）。从城乡居民可支配收入结构分布看，具有以下特

① 刘伟、蔡志洲：《如何看待中国仍然是一个发展中国家》，《管理世界》2018年第9期。

点：一是城乡间差距显著，总体上城镇居民可支配收入是农村居民的2.72倍（2016年）。二是地区间差异大。在31个省区市中有16个省区市居民可支配收入在2万元以下，有7个省区市的农村居民可支配收入在1万元以下；同时由于中国仍处于工业化的加速阶段，储蓄率和投资率相对仍较高，与人均GDP相近的国家比较，在国民收入中形成的居民（住户）部门可支配收入的比例相对偏低，中国目前虽然人均GDP已达到8000美元以上，但居民的可支配收入平均只有3700美元左右，居民（住户）部门的可支配收入只有全部国民收入的45%左右（大多数国家这一比重至少达到50%）。而在有限的居民可支配收入中又存在着种种原因，其中重要的且短期内难以根本改变的是发展程度不同造成的收入分配不平衡，特别是由于农业劳动生产率低而形成的农业与非农部门间的差异，进而导致城乡居民收入分配的严重失衡。这是我国经济二元结构的重要表现，需经过长期可持续发展才能根本扭转。[①]

（四）历史逻辑：新时代中国特色社会主义经济发展主题的新内涵[②]

中国特色社会主义进入了新时代，这是我国发展新的历史方位，是历史发展的必然逻辑。经过长期艰苦卓绝的努

① 刘伟、蔡志洲：《新世纪以来我国居民收入分配的变化》，《北京大学学报》2016年第5期。

② 刘伟：《GDP与发展观——从改革开放以来对GDP的认识看发展观的变化》，《经济科学》2018年第2期。

力，在中国共产党的领导下，推翻了旧制度，实现了从封建专制向人民民主的伟大飞跃，完成了新民主主义革命，在此基础上，通过社会主义革命，确立社会主义基本制度，为当代中国的一切发展进步奠定了根本政治前提和制度基础。进入新时期，我们党团结带领人民进行改革开放这场新的伟大革命，开辟了中国特色社会主义道路，使中国大踏步赶上时代。中国特色社会主义进入新时代，意味着中华民族迎来了从站起来、富起来到强起来的伟大飞跃，意味着科学社会主义在21世纪的中国的强大生命活力，意味着中国特色社会主义道路、理论、制度、文化不断发展，拓展了发展中国家走向现代化的途径。正如习近平总书记指出的："当前，我国处于近代以来最好的发展时期，世界处于百年未有之大变局，两者同步交织、相互激荡。"特别是，"从党的十九大到党的二十大，是实现'两个一百年'奋斗目标的历史交汇期，在中华民族伟大复兴历史进程中具有特殊重大意义"。新时代中国特色社会主义的发展，包括经济发展，必然具有新时代的历史特征和要求，在发展理念、发展观、发展方式等方面，必然发生根本性转变，因而，历史赋予新时代中国特色社会主义经济发展主题以新的历史内涵。

第一，经济发展进入新常态。①

习近平总书记指出："发展是人类社会永恒的主题。""二战"后许多新独立的落后的发展中国家面临摆脱

① 刘伟、蔡志洲：《中国经济发展正经历新历史性转折》，《求是学刊》2011年第1期。刘伟：《我国经济增长及失衡的新变化和新特征》，《经济学动态》2014年第3期。后一文章被《新华文摘》2014年第14期转载。

贫困的急切历史要求，如何摆脱贫困成为发展主题的基本历史内涵，但在理论研究和政策制定上却成为西方主流经济学的专利，“给原住民提建议”成为西方发展经济学的主流。但问题在于，西方主流经济学开出的“药方”并不灵验。就绝对水平看，绝大多数发展中国家不仅未能据此有效地摆脱贫困，反而长期滞留于贫困的恶性循环，即所谓的“马尔萨斯陷阱”之中。就相对水平看，绝大多数发展中国家与发达国家之间的差距不仅未能缩小，反而不断扩大。

改革开放的伟大历史实践，成功地推动了人口及贫困人口规模巨大的中国跨越了“贫困陷阱”。在以毛泽东等为核心的中国共产党领导下，实现中华民族独立“站起来”的基础上，在以邓小平等为核心的党的领导下，高举中国特色社会主义伟大旗帜，实现了中华民族“富起来”的目标。[①]

第二，经济条件发生了系统性变化。

进入新时代，约束经济增长和发展的条件必然发生系统而深刻的变化，习近平总书记从九个方面论述了这种变化，进而指出中国经济发展进入了新常态，具有新的特征。归结起来就是：一方面，供给侧的比较竞争优势——要素成本（包括劳动力、自然资源、生态环境、技术进步等成本）低已发生根本性逆转，需要培育新优势；另一方面，需求侧的增长市场空间广阔——长期经济短缺（包括投资需求和消费需求等）也已发生方向性转变，要求增长方式根本转变。这些约束条件的变化，推动着社会主要矛盾的转化，进而形

① 世界银行2016年排序时，我国人均GDP为8250美元。国际货币基金组织公布2018年中国预期人均国民收入达10088美元，居所列入191个排名国家中的第72位。

成新的发展机遇和挑战，要求必须根本转变发展方式，为此首先必须树立新的发展理念，调整以往以GDP增长为核心引领性指标的指导思想。以GDP迅速增长为核心引领性指标制定发展规划，在克服贫困的历史进程中，有其历史的必然性和科学性。从理论上说，GDP作为国民经济核算体系具有其科学性。从实践上说，面对跨越“贫困陷阱”命题时首要的是迅速实现增长。因此，改革开放初期，改革开放总设计师邓小平同志提出以GDP指标为标志实施“三步走”战略，无论是在经济发展理论上还是在实践上，这都是极富远见的创举：第一步，从1981年1990年，GDP翻一番，解决人民温饱；第二步，从1991年到20世纪末，GDP再翻一番，人民生活水平达到小康水平；第三步，到21世纪中叶，GDP再翻两番，达到中等发达国家水平，基本实现现代化。然后，在这个基础上继续前进。问题在于，跨越贫困进入上中等收入阶段之后，面临的发展难题是如何跨越中等收入阶段，因而以GDP为核心指标就有了突出的局限。一是GDP体系注重的是数量增长而非结构升级，即质态转变演进；二是GDP核算是以一年之内经济活动的流量为基础的，从而可能忽视资本和财富的存量，即长期国力的积累；三是GDP体系是以市场交易机制为基础的，从而可能忽视市场失灵的其他社会发展领域，即产生严重的发展“短板”；四是GDP体系难以把环境因素纳入国民经济核算，即忽略绿色生态成本。因此党的十八大提出以“五位一体”的总体布局来丰富和发展以GDP为引领的增长目标规划，这便成为新时代历史发展的要求。进而，在指导思想上提出创新、协调、绿色、开放、共享五大发展理念。

第三，经济发展产生新特点。

“时代是出卷人”。进入新时代，这一主题的历史内涵、约束条件、要求的发展方式和政策制度安排等均发生着深刻的变化。在理论和实践上怎样回应这种变化？这是习近平新时代中国特色社会主义经济思想的极为重要的题目。需要运用马克思主义基本方法和原理，深入实践、创新并不断发展中国特色社会主义政治经济学理论体系，在此基础上，形成新时代中国特色社会主义经济发展思想，以适应新时代发展的历史需要。进入新的时代，中国特色社会主义经济发展产生了一系列新特点：一是达到新起点，进入新阶段，面临新的时代性问题，从克服贫困实现富起来进入新的实现强起来的阶段，要求必须树立新的发展观，必须从强调GDP增长目标转变为强调“五位一体”总体布局；二是约束经济增长的条件发生了系统性变化，要求经济增长方式必须根本改变，从依靠要素投入量扩张为主拉动规模扩张的增长方式转变为主要依靠效率变革、结构变革、质量变革的发展；三是面临的挑战和机遇发生了历史性变化，距离现代化实现的目标从来没有如此之近，同时面临的风险和矛盾要比以往更为复杂，对全面制度创新提高治理能力和完善治理机制的要求更为深刻；四是宏观经济失衡具有新特点，从以往单一总量方向性失衡演变为“双重风险”并存，要求根本改变宏观调控机制，特别是在兼顾需求管理的同时突出深化供给侧结构性改革；五是世界经济格局与中国经济发展间的关系发生着深刻变化，“修昔底德陷阱”的作用很可能产生影响，必须构建新的“内外联动的开放格局”；六是（最为重要的是）产业结构进而经济结构发生了深刻变化，微观经济领域一系列新失衡，产业组织和产业结构运动出现一系列新特征，技术进步形成的新要求和新业态等，要求构建新的产业体系培育更具竞争性的资源配置机制；等等。

总之，新时代中国特色社会主义经济发展面临新机遇和新挑战。就新机遇而言，我们比历史上任何时期都更接近、更有信心和能力实现中华民族伟大复兴的目标；就新挑战而言，新常态下的经济发展中的矛盾和风险比从低水平阶段迈向中等收入阶段更多更复杂；就社会主要矛盾的转化而言，我国社会主要矛盾已经转化为人民日益增长的美好生活需要和不平衡不充分的发展之间的矛盾，而发展的不平衡不充分又是矛盾的主要方面。这种关系全局的历史性变化，对新时代中国特色社会主义经济发展提出了新的历史要求，包括理论创新的要求和实践探索的要求。①

（五）理论逻辑：新时代中国特色社会主义经济发展需要创新和构建新的经济发展理论②

理论要呼应历史，思想要回应时代。经济理论创新要适应经济发展历史实践的要求，必须在分析生产力与生产关系，进而分析经济基础与上层建筑的矛盾运动中，探讨解

① 刘伟：《经济新常态与经济发展新策略》，《中国特色社会主义研究》2015年第2期。刘伟、苏剑：《“新常态”下的中国宏观调控》，《经济科学》2014年第4期。

② 刘伟：《今天为何需要政治经济学》，济南出版社，2017。

放和发展生产力对生产关系变革，进而对经济基础及相应上层建筑变革的历史要求明确经济理论创新的方法和历史观，聚焦生产力与生产关系矛盾运动演进和变革的突出问题，真正满足如何解放和发展生产力的发展实践要求。另外，必须回答为什么要发展，经济发展的出发点和落脚点是什么的问题。也就是说要运用什么方法从怎样的历史观出发进行研究，要分析和阐释什么基本问题，分析和阐释问题要达成怎样的实践目的、为什么要达成既定的目标、为什么要发展。这些都是习近平新时代中国特色社会主义经济发展思想要回答的基本问题。这些问题的提出本身也就构成了完整的理论逻辑体系。

早在改革开放初期，1984年召开的中共十二届三中全会作出全面开展经济体制改革决议时，邓小平同志就敏锐地指出，这是写出了一部（中国特色社会主义）政治经济学的初稿，是马克思主义基本原理和中国社会主义实践相结合的政治经济学。[①]从“政治经济学初稿”到习近平同志所说的“中国特色社会主义政治经济学理论体系”的发展进程和趋势，既是中国特色社会主义改革发展伟大历史实践的理论反映，更是新时代中国特色社会主义创造性发展的深刻要求，既是中国特色社会主义建设实现“富起来”的时代经验总结，更是新时代中国特色社会主义实现经济发展“强起来”的思想指引。习近平中国特色社会主义经济发展的思想更是新时代的马克思主义基本原理同中国具体实践相结合的重要

① 邓小平：《在中顾委第三次全体会议上的讲话》（1984年10月22日），转引自《邓小平文选》第三卷，人民出版社，1993，第83页。

结晶，明确回答了以下问题：用什么样的方法和历史价值观研究中国特色社会主义经济发展主题？作为新时代中国特色社会主义经济发展思想所要阐释的突出理论问题和难题是什么？阐释中国特色社会主义生产关系运动的目的是什么？（即经济发展理论探索要推动解放和发展生产力。）实现生产力解放和社会经济发展的根本目的是什么？即发展的出发点和落脚点是什么？

第一，方法论和历史观。

把马克思历史唯物主义和辩证唯物主义的坚持解放和发展生产力的基本原则作为探索新时代中国特色社会主义政治经济学的历史观和方法论，作为回应新时代中国特色社会主义经济发展主题历史演进的基本指导。坚持发展和解放生产力原则是马克思主义的基本历史观和基本方法，是党在社会主义初级阶段的基本路线的根本要求，更是构建和运用中国特色社会主义经济发展理论的基本原则。一方面，在理论上，中国特色社会主义经济发展理论只能在分析中国特色社会主义生产力与生产关系的矛盾运动中认识生产力发展的根本要求，并以此推动生产关系的变革和完善，进而不断推动中国社会生产力的解放和发展。从这一意义上可以说，解放和发展生产力是“中国特色社会主义政治经济学的核心”，这是对新时代中国特色社会主义经济发展理论的基本方法、根本目标、价值取向的集中概括。另一方面，在实践中，生产力的解放和发展是中国特色社会主义制度优越性的根本证明，也是对改革开放深入实践的根本检验，更是推动中国特色社会主义发展的根本动力。更为重要的是，马克思主义辩证唯物主义和历史唯物主义观点、立场和方法最根本的出发点和落脚点是坚持以人民为中心的发展思想，人民是发展的中心、是发展的动力、是发展的根本目的。

第二，突出问题。

在生产力与生产关系的矛盾运动中分析新时代中国特色社会主义生产关系，其突出问题和难点在于如何坚持社会主义市场经济改革方向，如何构建中国特色社会主义市场经济制度并将其作为实现新时代中国特色社会主义经济发展的制度、体制、机制的重要保障。中国特色社会主义改革发展实践的突出特征在于将社会主义公有制为主体、多种所有制经济长期共同发展的基本经济制度与市场发挥决定性作用的资源配置机制有机统一起来。一方面，在理论上，统一社会主义公有制与市场机制既是对西方正统经济学传统的否定，也是对马克思理论传统的突破；另一方面，在实践上，改革的真正难点在于统一公有制这一基本经济制度与市场经济运行机制，而经济运行的关键在于协调政府与市场的关系。

正如习近平总书记所说："要坚持社会主义市场经济改革方向，坚持辩证法、两点论，继续在社会主义基本制度与市场经济的结合上下功夫，把两方面优势都发挥好。"这一问题的核心在于如何实现中国特色社会主义（初级阶段）以公有制为主体、多种所有制经济长期共同发展的基本经济制度（所有制）与竞争性的市场资源配置机制（运行体制）的有机结合。这一问题至少涉及两个层次的基本理论问题：一是中国特色社会主义公有制如何实现与商品、货币、市场经济关系内在的统一；二是在中国特色社会主义基本经济制度基础上，如何实现政府调节与市场调节的有机协调。在经济思想史上，正统的西方资产阶级经济学是在根本上否定实现上述统一的可能性的，经典的马克思主义政治经济学理论基于对资本主义生产方式的分析，在逻辑上也是否定公有制社会兼容市场机制的可能性的。在社会主义制度创立和发展历史实践上，苏联在建立之初关于社会主义经济制度选择上的根本分歧，就集中在公有制与市场机制的关系上，在之后的传统斯大林社会主义计划经济体制改革的探索中，初衷是力图兼得公有制的优越性和市场机制的资源配置竞争性效率，但最终大都以放弃公有制的私有化、市场化为归宿（即“华盛顿共识”概括）。我们中国特色社会主义道路的根本特点之一，便是在经济制度和运行机制上始终坚持以公有制为主同市场机制在资源配置中发挥决定性作用相统一。

第三，探索的目的。

新时代中国特色社会主义经济理论研究的根本目的在于推动社会经济发展，在于解放和发展生产力，在于历史地推动经济持续发展，这就要求在现阶段必须把实现全面小康并在此基础上进一步实现现代化作为新时代中国特色社会主义经济发展思想研究探索的重要目的。而在现阶段这一“发展”主题的重要要求，便是如何实现由现阶段中等收入向高收入阶段迈进。从发展史看，世界上高收入国家（70个左右）从上中等收入进入高收入阶段总体上平均经历了12～13年的时间，其中人口大国（20个人口过千万的国家）平均经历了11～12年，但其中发展中国家只有约13个，大部分发展中国家或者仍处于贫困阶段（现阶段约有36个国家仍处于低收入阶段，人均GDP在1005美元以下），或者进入中等收入阶段（现阶段下中等收入国家有54个，人均GDP在3955美元以下，上中等收入国家有54个，人均GDP在12235美元以下，高收入12236美元相当于1987年6000美元——工业化标准）[①]后长期难以跨越。如20世纪70年代的拉美多国形成的“拉美漩涡”，这些拉美国家进入上中等收入阶段已近半个世纪，至今未能进入高收入阶段；80年代东亚的马来西亚、泰国、菲律宾、印度尼西亚等国进入上中等收入阶段，至今30多年未能实现向高收入阶段的发展，形成“东亚泡沫”；90年代的西亚北非诸国形成“西亚北非危机”，进入上中等收入阶段至今已20多年，仍未能跨越进入高收入阶段。自改革开放以来形成的“政治经济学的初稿”，指导中国特色社会主义跨越“贫困陷阱”并逐渐“富起来”的伟大历史实践，同时在实践中不断丰富和发展，习近平新时代中国特色社会主义经济理论特别是其经济发展思想则是指导我们实现“强起来”的当代中国化的马克思主义经济学。

第四，为什么发展。

发展的根本目的是什么？怎样才能充分地调动广大人民群众的积极性并推动发展？为谁发展？发展动力何在？这些是同一问题的两个基本方面，必须把处理各个方面利益矛盾进而调动各个方面的积极性作为新时代中国特色社会主义政治经济学的重要任务，根本原则在于坚持以人民为中心的发展思想，并以此作为推动新时代中国特色社会主义经济发展

① 参见2017年世界银行数据库《世界银行分类指引和分析分类》。

的根本动力和源泉。这就必须明确发展是否真正以人民为中心。人民是创造历史、推动发展的真正动力。马克思主义发展观的核心在于以人民为发展中心。习近平总书记提出的新发展理念中重要的在于树立“共享”理念，统一先富起来和共同富裕的历史进程，从根本上牢固树立以人民为中心的发展思想，统一以经济建设为中心的基本路线与以人民为中心的根本思想，从而最大限度地调动人们的积极性。把“共享”作为新发展理念中的重要组成，强调全民共享、全面共享、共建共享、渐进共享，是对中国特色社会主义初级阶段收入分配理论和原则的进一步发展，是对中国特色社会主义实现共同富裕历史进程的科学阐释，是坚持以人民为中心的发展思想的集中体现。“坚持以人民为中心的发展思想，把增进人民福祉，促进人的全面发展，朝着共同富裕方向稳步前进作为经济发展的出发点和落脚点。”毕竟人民是阅卷人，是社会历史发展的真正动力。①

（六）实践逻辑：贯彻新发展理念，构建现代化经济体系②

用科学的经济发展理论指导新时代中国特色社会主义经济发展实践，首先需要根据新时代发展要求的历史变化，明确新的总体布局，总结发展目标和“发展”的新的历史内

① 刘伟：《中国学者谈新常态下经济增长》，中国人民大学出版社，2017。

② 习近平新时代中国特色社会主义经济思想中关于贯彻新发展理念、构建现代化经济体系阐释的讨论，可参见刘伟《习近平新时代中国特色社会主义经济思想的内在逻辑》（载《经济研究》2018年第5期），本文对其内在联系做了进一步梳理。

涵，进而需要根据发展新的总体要求和内涵确立新的发展理念，以作为实现发展的基本指导思想和总引领，而贯彻新的发展理念需要推动新的发展方式转变，推动发展方式转变需要构建新时代现代化的经济体系，以作为变革发展方式的基本方略，实施基本方略需要一系列的战略布局、政策举措和制度创新。由此，形成完整的习近平新时代中国特色社会主义经济发展实践逻辑。

第一，问题和理念。

习近平新时代中国特色社会主义思想要回答的根本问题是如何认识中国特色社会主义、怎样建设中国特色社会主义。从社会经济发展意义上来说，发展是我党执政兴国的第一要务，也是人类社会永恒的主题。这一主题在不同的历史时期会有不同的表现形式和历史内涵，摆脱了贫困，进入"富起来"之后的中国经济发展必然面临一系列新的问题：经济发展达到新水平，从贫困进入上中等收入阶段；约束经济发展的基本条件发生了系统性变化，经济进入新常态；经济发展面临新时代的新机遇和新挑战，社会主要矛盾发生了新转化，决胜全面小康实现现代化成为新时代面临的经济发展的历史任务。因而，要求根本转变发展方式。为此，首先要求对"发展"主题在新时代的历史内涵作出科学认识，以新的发展理念丰富和发展以往以GDP增长为核心引导的增长理念，明确政治、经济、文化、社会、生态建设"五位一体"总体布局，正如马克思所说，"问题是时代的口号"。[①]

① 中共中央马克思恩格斯列宁斯大林著作编译局：《马克思恩格斯全集》第40卷，人民出版社，1982，第289页。

如何回应新时代所提出的问题？首先需要树立新的发展理念，回应如何贯彻“五位一体”总体布局，实现新时代的新发展，要求确立新的战略性、纲领性、引领性的发展思路、发展方向和发展着力点。正如习近平总书记提出的“坚持创新、协调、绿色、开放、共享的发展理念。这五大发展理念不是凭空得来的，是我们在深刻总结国内外发展经验教训基础上形成的，集中反映了我们党对经济社会发展规律认识的深化，也是针对我国发展中的突出矛盾和问题提出来的”。新发展理念所体现的原则，是把科学发展、深化改革、更高层次的开放三个方面有机统一起来。

第二，以怎样的方式落实新发展理念。

党的十九大报告提出，贯彻新发展理念需要构建“现代化经济体系”，强调“建设现代化经济体系是跨越关口的迫切要求和我国发展的战略目标”。那么，现代化经济体系包括怎样的内涵？正如习近平总书记所概括的，主要包括七个方面的体系，即创新引领、协同发展的产业体系，统一开放、竞争有序的市场体系，体现效率、促进公平的收入分配体系，彰显优势、协调联动的城乡区域发展体系，资源节约、环境友好的绿色发展体系，多元平衡、安全高效的全面开放体系，充分发挥市场作用、更好发挥政府作用的经济体制，并且特别强调现代化经济体系是由社会经济活动各个环节、各个层面、各个领域的相互关系和内在联系构成的有机整体。

再进一步，应当怎样推进现代化经济体系建设？需要以深化供给侧结构性改革为主线，推进现代化经济体系建设。

即从供给侧入手，以全面深化改革为动力，推动经济发展克服深层次的结构性矛盾，使供给体系有效适应需求结构变化，提高供给体系的质量和效率，实现由低水平供需平衡向高水平跃升，核心是进一步解放和发展社会生产力。

为什么需要以深化供给侧结构性改革为主线推动现代化经济体系建设？一是我国社会发展主要矛盾的主要方面在于不平衡不充分的发展方面，以供给侧结构性改革为主线适应主要矛盾主要方面运动的要求。二是我国经济新常态下经济发展的突出问题和失衡的深层动因，集中于供给侧，特别是集中于结构性矛盾。市场运行方面的“三大失衡”，即实体经济内部供需结构性失衡，实体经济与金融部门之间的失衡，房地产与国民经济各个部门之间的失衡，均属于供给侧结构性失衡；宏观经济双重风险并存，即成本推动的潜在通胀压力和需求疲软导致的经济下行，其深层的原因也主要在于供给侧结构性矛盾。潜在成本推动的通货膨胀压力是由供给侧的要素成本上升和效率提高之间的结构失衡所导致的。拉动经济下行的需求疲软、投资需求增速下滑，其深层动因是供给端创新力不够、产业结构升级动力不足，缺乏有效投资机会，而不是资本货币、供应量不足；消费需求增速下滑的根本原因是供给侧产出质量和结构不合理及国民收入分配结构扭曲，而不是国民收入及相应居民总体购买力增速不足。三是供给侧结构性改革的特点在于：其出发点是针对生产者，包括劳动者、企业、产业，目的是提高生产者效率，而不是像需求管理那样针对消费者；其落脚点在于国民经济结构效应，包括组织结构、产业结构、区域结构等，目的是结构升级和优化，而不像需求管理那样体现为总量效应。这一特点恰恰切中我国新时代经济新常态发展的根本要求，集中体现了“由高速增长阶段转向高质量发展阶段，正处在转变发展方式，优化经济结构，转换增长动力的攻关期”的国民经济发展要求。

怎样推进深化供给侧结构性改革，进而以此为主线推动现代化经济体系建设？就本质特征而言，我国深化供给侧结构性改革与西方“供给革命”有极大的不同。一方面是我国作为发展中国家，经济结构高度低，结构性失衡严重，结构转型升级压力大，与发达国家经济相比是有发展阶段性差异的；另一方面，在我国的根本制度中国特色社会主义制度上，供给与需求之间的关系并不是根本对立的，经济发展的根本目的在于满足人民对于美好生活的需求，而不是满足资本对利润的追求，因而政府的宏观调控与市场竞争机制之间在经济制度和运行机制上有可能有机统一，而不是根本对立。就战略实施而言：其一，必须大力发展实体经济，特别是发展先进的制造业和深化农业供给侧结构性改革，筑牢现代化经济体系的产业基础；其二，必须加快实施创新驱动发展战略，强化现代化经济体系的战略支撑；其三，必须积极推动城乡区域协调发展，优化现代化经济体系的战略布局；其四，必须大力发展开放型经济，提高现代化经济体系的国际竞争力；其五，必须深化经济体制改革，以制度创新不断完善现代化经济体系的制度保障。就政策贯彻而言，现阶段尤其需要深入推动“三去一降一补”，即“去产能，去库存，去杠杆，降成本，补短板”，以提升现代化经济体系的市场竞争力。[①]

第三，需要为深化供给侧结构性改革创造怎样的宏观经济条件和制度秩序环境。

以深化供给侧结构性改革为主线，推动构建现代化经济体系，必须“坚持稳中求进总基调。‘稳’的重点是要放在稳住经济运行上，确保增长、就业、物价不出现大的波动，确保金融不出现区域性、系统性风险。‘进’的重点要放在调整经济结构和深化改革上”。[②]

之所以要贯彻“稳中求进”总基调，是因为“稳中求进”实质上是统一需求管理与供给管理、统一总量调控与结构改革、统一短期增长与长期发展。一方面，“稳”的重点是均衡增长，需求管理重在解决总量增长问题，需求管理若失控，或出现需求膨胀，通货膨胀压力上升，则不具备深化供给侧结构性改革的市场压力和动力；若需求严重疲软，失业率攀升，则不具备深化供给侧结构性改革的经济空间和可能；必须使需求管理与供给侧结构性改革协调统一，因而必须协调经济增长率与通货膨胀率（菲利普斯曲线），经济增长率与失业率（奥肯定律）等宏观经济运行指标的关系，没有“稳”就难以有“进”，“稳”的根本在于实现经济增长的均衡性。另一方面，“进”的重点在于深化改革推动结构转变，供给侧结构性改革重在要素效率和全要素生产率提高基础上解决结构性问题，尽管相对总量增长更具长期性，但

① 刘伟：《经济新常态与供给侧结构性改革》，《管理世界》2016年第7期。

② 刘伟：《习近平新时代中国特色社会主义经济思想的内在逻辑》，《经济研究》2018年第5期。

是能从根本上克服失衡，没有这种“进”便不可能有长期的“稳”。因此，“进”重要的在于制度创新。实践新发展理念需要制度创新，解放和发展社会主义社会生产力需要不断变革和完善中国特色社会主义生产关系，而生产关系作为社会经济基础的历史变革，必然要求上层建筑相应地变化，这就要求展开全面的经济、政治、法治、文化等多方面社会制度和秩序的变革。之所以一些国家难以跨越中等收入发展阶段，难以实现持续发展，根本的制度原因在于：首先，经济制度实现现代意义上的市场化滞后，政府与市场的关系未能有机协调，导致市场失灵、政府失效；其次，法治化滞后，导致市场主体“私权”缺乏保护，政府主体“公权”缺乏规范；再次，政治制度现代化滞后，政治治理机制和能力不完善，难以凝聚社会发展力量推动现代化所要求的市场化和法治化。进而在经济、法治及政治制度上，市场失灵，政府集权，对政府权力缺乏约束，“寻租”行为成为普遍，资源配置不是按照市场竞争原则而是按照“寻租”准则进行，道德上对“寻租”行为也缺乏约束，从而形成既无公平又无效率的局面。总结国际社会这方面的经验教训，针对我国新时代“五位一体”总体布局的历史要求，我党提出“四个全面”战略布局，作为实践“五位一体”总体布局的方略支撑。围绕决胜全面小康并进一步实现现代化新时代发展主题，分别从经济、法治、政治等方面开展制度创新，从而为贯彻“稳中求进”总基调创造制度基础。[①]

三 经济增长与宏观调控

中国改革开放以来的经济增长以及相应的宏观调控无疑是非常令人关注的问题，尤其是现在，中国经济增长对全球经济增长的贡献率已超过30%，因而中国的经济增长及宏观政策的变化已成为全球瞩目的事情。[②]

（一）经济增长及其特点

对于中国改革开放以来的经济增长及客观运行问题，我开始研究较晚，主要是由于资料的限制以及在学校从事政治经济学基础理论教学的特点。从2004年起，北京大学经济学院与国家统计局共建北京大学中国经济学院国民经济核算与经济增长研究中心，当时国家统计局局长朱之鑫同志和我（时任北京大学经济学院院长）一道商议，展开对中国经济增长的深入研究，邀请了蔡志洲博士（戴世光先生的开门

① “四个全面”是党的十八大以来中央全会分别作出的决定。党的十八大以后，习近平总书记在不同场合多次对“四个全面”的内容分别作出论述，但将“四个全面”作为一个完整集合的范畴公开见于报道，是习近平总书记2014年12月在江苏省调研时作出的概括。参见新华网：《习总书记首谈“四个全面”意味着什么》，http://www.xinhuanet.com/politics/2014-12/16/c_1113661816.htm，访问日期：2014年12月16日。

② 刘伟、蔡志洲、苏剑、李连发、张辉：《经济增长与结构演进：中国新时期以来的经验》，中国人民大学出版社，2016。此书已被译为英文、韩文等文字出版。

博士生之一）来具体主持，拟定了一个十年的研究计划，主题就是关于中国经济增长研究。每年以专著的形式出版一部中国经济增长的主题报告，同时发表若干篇学术论文及内部研究报告，到现在已整整经历15年，始终坚持了下来，在达到原来预定的十年计划目标时（2013年），觉得仍有必要和精力开展下去，便一直做了下来。到2016年蔡志洲博士退休后，由北京大学经济学院苏剑教授作为具体负责人接了过来，一直到今天已整整出版了15部中国经济增长报告，我是报告的主编和主要撰文者之一，其间这项研究获得了教育部的经费支持。进入21世纪之后，教育部要选择一批常年持续开展研究的重大课题予以支持，北京大学上报的项目中包括这一项并获批。在这一研究过程中，我对中国的经济研究及宏观运行和宏观政策调控等问题有了进一步的认识。我要特别感谢朱之鑫同志，以及在他之后的李德水局长、邱晓华局长、马建堂局长等继任者，感谢蔡志洲博士、苏剑教授及所率研究团队的帮助，许宪春先生长期以来对课题付出了大量的心血，几乎每个分年度报告都包含他的成果，令人敬佩。①

2015年我被调到中国人民大学工作之后，一方面仍继续参加北大中国经济增长的研究工作，另一方面由于中国人民大学刘元春副校长负责主持的关于中国宏观经济分析的研究是很有影响力的一项工作，也已经坚持了20年，在参加和出席他的课题研讨及成果发布过程中，我也获益不浅。

① 参见刘伟等主编的2004—2018年的《中国经济增长报告》。

改革开放以来的中国经济增长特点是突出的：一是增长速度快，持续时间长，以年均9.5%左右的增长率持续40年之久，在当代经济发展史上是创纪录的，超过“二战”后日本的“神武景气”和韩国的“汉江奇迹”，进而使我国经济规模和格局发生了根本性的变化，GDP总量按可比价格计算提升了30多倍，人均GDP水平在同期人口增长40%以上的条件下提升了20多倍，这种持续高速增长带来的经济变化是推动中国社会发展及中国在国际经济中的地位发生深刻变化的重要基础。二是增长动力多元化。包括：中央政府的高速发展战略的明确，特别是以GDP增长为核心指标的倍增计划及“三步走战略”，在摆脱贫困的过程中有力地推动了“发展是硬道理”的落实；地方政府间的增长竞赛，使得地方政府围绕GDP增长这一核心指标，多方筹措资源加快地区经济增长，特别是地方政府通过招商引资等方式使地方经济增长得以摆脱地方现有发展水平的局限，在中国各地方经济中GDP增长水平与储蓄水平及增长和资本形成（投资）规模及增长相互间的相关性不高，表明地方政府超越当地经济发展水平扩大投资并拉动经济增长的能力突出；乡镇企业和非公经济的发展注入了竞争活力，而且更广泛地提高了动员资源要素投入国民经济生产体系的能力，进一步加快要素投入量的扩展，在加剧竞争的同时也提升了效率，并且乡镇企业和非公经济的发展由于受市场机制约束力度更强，故而逆行政治性周期波动的能力相对于国有企业更高，有助于提高经济增长的稳定性；国有企业改革和市场化进程带来了效率提升，一方面国有企业本身不断改革，而改革的目的是提高国有企业的市场竞争力，这本身意味着国有企业效率相对于传统体制下的拉升，另一方面由于市场化的深入，大量在传统计划经济机制内的要素和资源转移到市场竞争机制中，这本身也意味着更多的要素和资源在配置上的竞争性加强，使效率提高。开放的推动，一方面国际市场的不断开拓使得进出口成为拉动增长的重要动力，在总需求“三驾马车”中有着不可或缺的作用，中国经济增长超过10%以上的年份相应出口需求增长大都在20%以上；另一方面开放也推动改革的加快，使国内市场化进程与国际市场竞争更大程度地接轨，提升了国民经济体制的国际适应性和国际竞争力等。三是比较稳妥地处理了改革和发展之间的关系，以发展为根本展开改革，以改革推动发展，而不是将两方面割裂开来，甚至改革的进展同时造成对发展的干扰和破坏，一些在“华盛顿共识”指导下实行“休克疗法”的转轨经济改革不仅未能得到解放和发展，反而给国民经济造成严重的倒退。生产关系的变革和改革不应以破坏生产力发展为代价。总体来说，中国的改革是围绕并适应发展的要求的，是符合发展的历史逻辑的：在农村改革与城市改革之间，重点由农村逐渐转至城市；在企业改革与价格改革之间，以企业改革为核心带动价格改革；在企业改革过程中，由分配制度改革逐渐转向产权制度改革；在企业产权制度改革中“抓大放小”，重点“抓大”；在大企业产权股份制改革中，“存量不动”（非流通股），“增量先行”（流通股）；在价格制度改革中，一物多价，实行价格双轨制；在市场化进程中，从商品市场化向要素市场化逐渐深入；在企业改革与政府改革之间，重心从企业改革为核心逐渐转为政府改革为关键；在开放过程中，从沿海特区逐渐扩散到内地；等等。整个改革的历史进程体现着可行性与必要性、统一性与渐进性、增量改革与存量改革、局部改革与全面推进之间的协调，不仅在改革的性质和方向上明确坚持中国特色社会主义市场经济导向，而且在改革的逻辑上也适应着经济发展的内在要求，使改革和发展形成有机统一，极大地解放和发展了生产力，为经济持续高速增长提供了制度创新上的动力，同其他一些转轨国家形成鲜明对比。四是经济增长中宏观失衡阶段性特征明显：第一阶段自1978年起至1998年上半年，近20年的时间，宏观经济失衡的突出特点是需求膨胀、供给不足、全面短缺，原来计划经济下的“短缺”逐渐转变为市场条件下的“短缺”，在强力拉动经济增长、企业扩张的同时，带来严重的需求上的通货膨胀压力；第二阶段自1998年下半年至2010年10月，宏观经济失衡的突出特点是需求逐渐疲软，工业消费品产能相对过剩逐渐演化至投资品产能普遍过剩，先后发生的亚洲金融危机和世界金融危机更加剧了国内失衡；第三阶段是2010年以来，特别是经济进入新常态之后，宏观经济失衡出现新特点，即“双重风险并存”，既有成本危机推动为主的通货膨胀的潜在压力，又有需求疲软拉动的经济“下行”的威胁。[①]

（二）财政政策与货币政策

第一，松紧搭配的反方向组合政策的提出及演变。

① 刘伟主编、苏剑副主编：《寻求突破的中国经济——不确定性加大背景下的经济金融形势分析》，中国人民大学出版社，2016。

在1998年下半年提出财政政策与货币政策松紧搭配组合格局时，相对于此前长期采取的全面紧缩性的宏观政策而言，实际上，总体上是呈宽松扩张态势。因为改革开放以来直到1998年上半年，近20年的时间里，除个别年份外，我国宏观经济失衡的主要特点是需求膨胀、供给不足（短缺经济），因此突出的矛盾是通货膨胀压力长期居高不下。事实上，改革开放以来我国三次较大的物价上涨，都发生在1998年之前（1985年、1988年、1994年），①相应地，宏观经济政策包括财政政策和货币政策，在这一时期基本倾向于紧缩性的。自1998年下半年起，1997年发生的亚洲金融危机开始冲击我国经济，加之为维护世界金融市场秩序，我国承诺亚洲金融危机期间人民币不贬值，使得我国经济短期里承受了极为严重的冲击，经济增长乏力，内需不足、产能过剩与出口受挫交织在一起，经济增速下滑，失业压力升高。因而，我国不得不放弃了沿袭多年的适度紧缩政策，转而采取扩张性政策，特别是扩大内需、刺激增长、保障就业的宏观政策。虽然表述为积极的财政政策和稳健的货币政策，但相对于此前的长期全面紧缩而言，无疑是扩张性的。

2003年至2007年，我国经济进入了新一轮高速增长期，其间年均增长率超过11%，但在国民经济不同领域出现了方向不同的失衡。从总体上看，在投资领域需求膨胀，投资增长率过高，剔除价格因素后年均增长率达到20%以上，累积下来，使得固定资本形成占GDP（按支出法）的比重，由

① 1985年以居民消费价格指数（CPI）反映的物价上涨为9.3%，1988年为18.8%，1994年为24.1%。

2000年的35.3%上升至2003年的41.0%，并始终保持上升势头，到2007年达到41.6%（2010年则上升到48.1%）。[①]在消费领域则出现相反的情况，特别是工业消费品出现较明显的产能过剩，市场需求呈疲软态势，从2003年起物价水平摆脱了自1997年年底以后的负增长，开始恢复正增长，但相对于同期2位数以上的年均经济增长率而言，消费品物价指数在2003年至2007年间始终保持在3%～4%的低水平区间，工业消费品厂商存货显著增加。也就是说，就投资和消费这两个不同领域而言，投资领域需要抑制增长过快的势头，消费领域则需要刺激需求，从总需求管理而言，财政政策和货币政策难以统一到单一目标上来，既不能全面扩张，又难以全面紧缩。因此，继续采取积极的财政政策与稳健的货币政策以应对国民经济中不同领域结构性反方向失衡的局面，目的是淡化总量政策的作用（反方向组合本身会使财政政策与货币政策效用之间产生抵消效应），避免或减轻由于宏观政策干预形成的经济波动，降低宏观干预加剧结构性矛盾的风险。

2008年下半年至2010年10月，为应对世界金融危机的冲击，我国政府放弃了松紧搭配的政策选择，采取全面扩张的刺激政策，即所谓的“更加积极的财政政策和适度宽松的货币政策”。2010年10月之后，从全面扩张的政策轨道上“择机退出”，重新回到松紧搭配的反方向宏观政策组合状态，但与以往有根本的不同。首先，相对于此前全面扩张的反危机举措而言，这一阶段的财政政策与货币政策重回松紧搭配格局，总体上是从紧性质的，既不是全面扩张性的，也不是

① 根据《中国统计年鉴》（2013年）中计算支出法国内生产总值内容。

为了淡化总量政策效用。其次，这一阶段经济失衡的背景也根本不同于以往，既有通货膨胀的巨大压力，又有经济“下行”的严峻威胁，面临双重风险，而这双重风险所要求的宏观需求管理的政策在方向上恰恰相反，这就使得财政政策与货币政策难以统一到一个目标和一个方向上来。再次，在存在双重风险的失衡中，政府与企业、中央政府与地方政府、国有企业与民营企业等，不同利益主体对宏观政策的利益诉求存在差异，在反通胀和保增长，进而在从紧和扩张之间，对孰为先后、孰为重点存在不同的选择倾向，而要形成共识则须进行复杂的利益博弈，这也使得财政政策与货币政策不能只顾单方面利益，必须兼顾各主体的利益诉求。所以，这一阶段的财政政策与货币政策虽然同样是松紧搭配的反方向组合，但根本目的是兼顾双重风险的控制，既考虑反通胀的要求，又顾及保增长的需要。尽管这种反方向组合会产生政策的抵消效应，但在双重风险并存条件下，可以降低宏观政策目标和倾向单一化所产生的风险。

第二，应对金融危机的政策效应与双重风险新失衡的形成。

我国经济出现新失衡的发展性原因，在于我国经济发展已进入上中等收入阶段，在面临新机遇的同时，也面临新的挑战，其中突出的问题在于如何穿越“中等收入陷阱”。在上中等收入阶段，就经济增长而言有可能同时面临总供给和总需求两个方面的紧缩，从而使得经济增长速度放缓，且伴随巨大的通货膨胀压力。从总供给的变化看，相对于低收入和下中等收入阶段，国民经济中的要素成本迅速提高，技术创新的成本也越来越高，成本上升的同时，要素效率提升迟缓，难以消化不断上升的成本，形成严重的成本推动型的通货膨胀，使得国民经济的竞争力下降，从根本上抑制经济增长的效率和活力。从总需求的变化看：投资需求在边际报酬递减且产能过剩、结构升级动力不足的条件下，会形成疲软态势；消费需求在国民收入分配结构扭曲、两极分化的条件下，会使消费倾向下降；净出口在要素成本上升、技术创新不足的条件下，竞争力减弱，对经济增长的正向拉动作用降低甚至出现负作用。总供给和总需求在上中等收入阶段发生的这种变化，会使经济增长失衡出现新特点，即在成本推动的高通胀压力下，同时由于需求疲软使经济增长市场动力不足，增速显著下滑。[①]如果经济面临世界经济周期性波动的严重冲击，那么这种双重风险同时发生的特点会更为突出。

从经济周期性波动和应对危机的政策变化方面来看，我国这一阶段双重风险并存的新失衡是从全面应对金融危机政策“择机退出”之后发生的。

2009年出现“二战”后全球经济首次负增长，表明2008年世界金融危机对全球经济的冲击前所未有的深刻，也表明自20世纪70年代以来西方发达国家应对“滞胀”政策的失灵（从一定意义上讲，2008年世界金融危机发生的重要根源在

① 刘伟、苏剑：《新常态下的中国宏观调控》，《经济科学》2014年第4期。

于为缓解“滞胀”而采取的宏观政策调整形成的积弊）。[①]从总体上看，我国在应对2008年世界金融危机方面表现出了较强的发展优势和体制优势，因此在世界经济受到严重冲击的同时，我国经济保持了较强劲的增长，[②]其中，“更加积极的财政政策和适度宽松的货币政策”起到了重要的作用。但也由此产生了一系列新的问题，进而使得人们质疑我国2008年下半年直到2010年10月（宣布择机退出）采取的全面扩张性政策。

这些被质疑的政策集中在以下几个方面。其一，2008年我国应对世界金融危机冲击的宏观政策调整是否迟缓？2008年年初我国两会通过的年度调控目标是“双防”，即一防经济过热，二防通货膨胀，因此宏观经济政策总体上是相对从紧的。而此时世界金融危机已在全球蔓延，全球主要经济体均已采取全面扩张政策以应对危机，我国当时恰恰选择了与全球相反的宏观政策。到2008年6月后，世界金融危机对我国经济的影响渐显，我国把宏观政策调整为“一保、一控、一调”，即保增长、控物价、调结构，反通胀目标虽退

① 自20世纪20年代以来，为应对“滞胀”，美国等的宏观政策从凯恩斯“财政最重要”的传统发生转变，关注货币政策的运用，而在货币政策运用中从强调货币数量目标逐渐转变为以货币价格为中间目标，在运用货币价格政策时又长期依靠持续降低利率，以达到既刺激投资需求以拉动增长，又达到降低企业成本以减轻“成本推动”的通胀压力的目标，从而缓解“滞胀”。但长此以往，不断降低利率刺激起来的投资需求，意味着投资项目的市场竞争水平不断下降，形成大量低水平扩张的产能，2008 年世界金融危机的发生，便是这种低水平投资过剩的集中表现。

② 按照国家统计局的最新核算数据，2008 年我国GDP增长9.6%，2009年为9.2%，2010年为10.4%，2011年为9.3%，2012年和 2013年均为7.7%。

至保增长之后，但仍为宏观目标之一。直到2008年年底，宏观政策才彻底转变为刺激性政策，采取保增长、扩内需、调结构的扩张态势。这种政策目标的选择和调整是不是迟缓？尤其是年初采取相对紧缩从而与全球反危机趋势相反的政策是否妥当？尽管2007年中国经济增长14.2%，已露“过热”迹象，但能否成为支持中国2008年上半年采取与全球应对危机举措相反的政策倾向的根据？其二，与之相联系，自2008年第四季度起采取的全面应对危机的扩张性政策是否强度过猛？财政政策和货币政策同时强力扩张，2009年财政赤字高达9500亿元，占GDP比重已超过2%，M2（广义货币）增速在2009年达到27.7%。进而，一方面形成巨大的通胀潜在压力，另一方面在产业结构升级受阻的情况下，短期迅速扩大投资势必加剧与产能过剩的矛盾，这一阶段我国经济中M2存量与GDP规模之比远远高于应有的合理比例，重要原因即在于此（2013年，我国的GDP为56.9万亿元，而年底的M2为110万亿元，约为GDP的2倍）。欧美国家与我国不同，2008年世界金融危机发生时，欧美国家金融系统本身发生了问题，因此其为国民经济其他部门，尤其是为实体经济部门提供货币的能力急速下降，其自身资金周转首先遇到了障碍。在其货币（资本）市场上，突出的矛盾在于，实体经济等非金融部门有对货币的需求，而金融部门缺乏货币供应的能力，其对政策要求的重点在于增大货币供应。我国则不然，2008年世界金融危机对我国的影响是国际输入的，我们自身的金融体系并无危机，为市场提供货币的能力是强劲的，而我国实体经济等非金融部门由于创新力不足等多种因素，对货币的有效需求不足，在我国的货币（资本）市场上供求失衡的特点与欧美国家恰恰相反，货币供给能力强而有效需求疲软，对政策要求的重点是培育市场对货币的有效需求，而不是增大货币供给。而我们恰恰又采取了与欧美国家同样的举措，通过财政政策与货币政策的双扩张组合极大地增加了经济中货币的投放量，目的是刺激总需求。但我国实体经济对货币（资本）恰恰又缺乏有效需求，因此投放的货币难以找到有效的投资机会，或者滞存于流通中，难以周转，形成M2存量过大同时流动性又不足的矛盾，潜在通胀压力居高不下，而真正用钱时又发生“钱荒”，或者冲击虚拟经济市场，形成更严重的经济泡沫。相对于中国当时市场失衡的特殊性而言，采取的扩张政策力度是否过强？尤其是在2008年上半年反危机举措出台迟缓的前提下，更容易形成过强的干预。其三，2010年10月我国政府宣布率先从全面应对危机的扩张政策轨道退出，是否过早？在世界各国仍在全力应对危机的背景下，我国自2010年10月起率先退出。一方面，由于财政、货币双扩张在刺激需求的同时，加大了产能过剩和通货膨胀的压力，使得强力双扩张的政策难以持续；另一方面，政府宏观刺激的择机退出根据，重要的在于市场力量的复苏，当市场力量复苏迟缓，生产者和消费者的投资及消费需求未能恢复正常增长时，政府刺激政策的退出便可能导致经济再衰退。尽管我国居民消费需求增长较稳健，但投资需求增长的可持续性始终存在问题，与西方市场经济国家不同，我国政府在投资方面具有更强的能力和体制保证，因而在应对经济危机时具有较强的能力。但不应也不可能长期依赖政府投资刺激增长，在市场经济条件下长期的可持续增长主要依靠市场力量形成的投资需求拉动，即企业的市场需求。而我国企业，特别是大型和特大型国有企业，虽融资通道有保障，但自主创新力不足，这使得产业结构升级困难，在现有结构下产能过剩日益突出的情况下，扩大投资极为困难，缺乏真正有效的投资机会，硬性扩大势必导致重复建设加剧产能过剩；中小微型企业多为民营企业，其资产质量和管理水平等方面的不均衡性，使之难以获得金融体系的信任。同时，作为国有商业银行占主体的金融体制，在制度上也难以保证为民营经济提供正常有效的金融市场服务，使之缺乏投资能力。市场力量的不足就使得投资需求的增长在很大程度上依赖政府，而地方政府尽管可以通过组建各类融资平台，以政府担保的方式（以预算外土地专项收入担保）促进地方投资，但不能不受地方债务风险的限制，中央政府虽然可以通过财政赤字，进而以增发货币的方式扩大投资，但不能不受由此而来的通货膨胀的限制。当政府在难以承受的压力下率先退出，而市场力量又严重不足时，经济增长必然出现下降。我国经济自2011年第一季度到2012年第三季度连续7个季度增速持续下降（比2008年受世界金融危机影响，持续5个季度下降的时间更久），是否表明我国扩张性的宏观经济政策退出过早？

第三，财政政策与货币政策松紧搭配类型的选择及调整。

总体来说，财政政策与货币政策采取反方向组合的目的，是更有效地运用宏观政策淡化经济周期性波动（而不是强化波动幅度）。两者之间的组合方式可以有多种，如何选择并适时作出调整，主要根据经济失衡的特殊性及其变化。

如果国民经济的国际收支领域是均衡的，但经济中存在“滞胀”（或通胀与下行双重风险），财政政策与货币政策难以统一到单一目标上来，可以考虑采取反方向组合的政策选择，那么财政政策与货币政策应采取怎样的反方向组合？是松的（积极的或称扩张的）财政政策与紧的（稳健的或称紧缩的）货币政策相组合，还是反过来紧的财政政策与松的货币政策相组合？有相关银行危机案例研究表明，财政政策指数（FPI）对危机期间（短期中）的经济增长有显著影响，对同期的通货膨胀水平不具显著影响，但危机过后的若干年里（长期中），扩张性的财政政策对经济增长不具正向作用，其负向作用会逐渐显现，特别是长期采取扩张性财政政策，其财政赤字对加剧通货膨胀的作用会越来越突出。货币政策指数（MPI）对危机期间（短期中）的通货膨胀水平具有显著正向影响，对同期的经济增长不具显著影响，但危机过后的若干年里（长期中），扩张性的货币政策对通货膨胀水平并无显著影响，对长期里的经济增长也不具显著影响（马勇、陈雨露，2012年）。

因此，就短期（需求管理）而言，如果经济周期进入危机阶段（或承受危机严重冲击时），并且国民经济中存在“滞胀”的双重风险，那么对于宏观政策组合的选择，可以采取扩张性的财政政策，以刺激短期危机时的经济增长，又不会因此而加剧危机冲击时的通货膨胀，同时采取紧缩性的货币政策，以抑制短期中的通货膨胀，又不会因此而抑制危机冲击时的经济增长。扩张性的财政政策与紧缩性的货币政策的松紧反方向搭配组合，能够在短期内有效地缓解应对危机冲击中的“滞胀”风险。不应反过来、以扩张性的货币政策与紧缩性的财政政策相组合，因为，承受危机时，扩张性的货币政策对经济增长并无显著作用，反而对通胀有显著刺激作用，同时，紧缩性的财政政策则对经济增长具有显著的抑制作用，从而会加剧经济“滞胀”。

就长期而言，危机过后，如果国民经济仍长期存在“滞胀”的双重风险，财政政策与货币政策反方向组合的方式就需要作出调整。扩张性的财政政策应适时退出，因为扩张性的财政政策在危机后的长时期里对经济增长不起显著的拉动作用，其负向作用，特别是财政赤字形成的通货膨胀压力会逐渐释放，而紧缩性的财政政策则有助于抑制通胀。但货币政策是从紧还是扩张？如果国民经济中不存在严重的结构失衡，特别是不存在普遍严重的产能过剩，且国民经济中创新力有显著提升，尤其是为产业结构升级创造了必要的空间，那么从宏观政策上来说，应当辅之以相对适度宽松的货币政策，至少不因此有损于增长，同时又不因此加剧通胀。因而，采取紧缩的财政政策与宽松的货币政策组合是可能的，一般不应继续长期采取扩张性的财政政策与紧缩性的货币政策的组合，特别是不应长期采取扩张性的财政政策，否则，既不利于经济长期增长，又会加剧通胀压力。但是，如果国民经济中结构失衡突出，产能过剩严重，产业升级缺乏空间，那么，宽松的货币政策的方向和力度就必须另作讨论。只要实际失业率不会明显上升而严重影响国民经济的运行，只要经济增长率能达到保就业的水平，货币政策就不宜过于宽松，以减轻对重复投资的刺激，从而减少产能过剩的泡沫，于是辅之以稳健的货币政策是需要的。因此，现阶段采取的“积极的财政政策与稳健的货币政策”的反方向组合，是符合我国经济失衡的特点的，问题的关键在于如何掌握政策作用力度，问题的根本在于提高经济创新力和竞争性效率，推动结构升级。①

如果国内经济存在失衡，同时国际收支也存在严重失衡，财政政策与货币政策也可以考虑采取反方向组合，但如何组合？要视失衡的不同类型而有所不同。一般而言，如果国内经济不景气，失业率居高不下成为突出问题，同时国际收支存在赤字，可以考虑采取扩张性的财政政策与紧缩性的货币政策的松紧组合。扩张性的财政政策可以刺激需求、增加就业，虽然可能因此而刺激进口、加剧国际收支赤字，但由于财政政策对国内需求的影响程度通常大于其对国际收支的影响程度，故而其扩张带来的增长效应相对会高于国际收支赤字效应。紧缩性的货币政策会促使利率上升，从而促进资本流入，减少国际收支赤字，虽然可能因此抑制国内需求、增加失业，但由于货币政策对国际收支的影响程度通常高于其对国内需求的影响程度，故而其对国际收支均衡的促进作用相对高于其对国内经济的抑制效应。

如果国内经济失衡突出问题是通货膨胀、需求过热，同时国际收支失衡中存在大量盈余，那么可以考虑采取紧缩性的财政政策与扩张性的货币政策的紧松组合。紧缩性的财政

① 刘伟：《经济新常态对宏观调控的新需求》，《上海行政学院学报》2014年第5期。

政策可以抑制需求缓解通胀压力，虽然可能因此减少进口、增大国际收支失衡中的盈余，但其对国内需求的抑制作用通常会高于其对国际收支的作用程度。扩张性的货币政策可以增大资本流出，减少国际收支失衡中的盈余，虽然可能因此刺激国内总需求、加剧通胀，但其对国际收支的影响程度通常会高于其对国内需求的影响程度。

当然，无论采取怎样的财政政策与货币政策反方向组合，其政策力度、松紧程度都需视国民经济对于失衡的承受力而定。①

我国现阶段经济失衡的特点是，国内经济主要矛盾既不是单纯的通胀也不是单纯的失业，而是通胀与下行双重风险并存，同时国际收支存在巨大盈余，外汇储备规模大且不断增加。显然，这种失衡状况就需求管理而言，短期里难以运用财政政策与货币政策反方向组合的方式，同时有效地促进国内经济均衡和国际收支均衡目标的实现，无论哪种松紧搭配的反方向政策组合都不可行。必须结合长期供给管理，在财政政策与货币政策反方向组合中强调其长期供给效应，提高国民经济微观活力，逐渐提升资本投资收益率进而真正刺激经济，特别是刺激实体经济投资需求，不断推动创新进而切实促进结构升级，尤其是缓解产能过剩，以促进稳定有效增长，扼制下行势头；同时，将宏观政策调控的着眼点切实放在提升企业效率并降低企业成本这一核心命题上，从根本上扼制成本推动的通货膨胀。在缓解国内经济双重风险并存

① 刘伟：《我国现阶段财政与货币政策反方向组合的成因、特点及效应》，《经济学动态》2012年第7期。

矛盾的同时，兼顾国际收支均衡目标，同样需要在短期需求管理和长期供给管理相互协调的基础上，通过深化改革特别是深化要素市场化进程，尤其迫切需要加快金融市场化，加快利率和汇率的市场化，否则，即使采取紧缩性货币政策，即使国际收支存在赤字，也难以通过利率、汇率等价格条件的市场性提高以推动资本流入、缓解赤字；即使采取扩张性货币政策与紧缩性财政政策组合，即使国际收入存在大量盈余，也难以通过利率、汇率的市场性下降以推动资本流出、缓解盈余。无论财政政策与货币政策怎样反方向组合，没有要素市场化的基础，都难以兼顾国内经济均衡目标和国际收支均衡目标的要求。

宏观调控所围绕的核心指标是经济增长率，所谓政策调控的上下限讨论，主要是如何确定经济目标增长率，确定经济目标增长率的下限，重要的因素在于就业目标的要求，作为宏观调控，保增长的核心在于保就业；上限的控制重要的因素在于国民经济承受通货膨胀的能力，特别是实际增长率不能超过潜在增长率，如果实际确定的目标增长率接近甚至超越潜在增长率，刺激增长的宏观政策便会引发严重的通货膨胀。①

① 刘伟、苏剑：《中国特色宏观调控体系与宏观调控政策：2018年中国宏观经济展望》，《经济学动态》2018年第3期。刘伟、苏剑：《从就业角度看中国经济目标增长率的确定》，《中国银行业》2014年第9期。

（三）宏观调控方式与供给侧结构性改革[1]

中国经济进入新常态出现了一系列经济约束条件的新变化，要求经济发展目标必须作出相应调整。在经济发展新阶段上中国经济出现了新的历史机遇，也面临新的失衡的挑战：从发展阶段性特征来说，“三期叠加”；从宏观经济失衡特点来说，“双重风险并存”；从宏观调控方式来说，需求管理面临严重的局限，因而供给侧结构性改革被作为战略性举措提出，相应的宏观调控方式发生着深刻的变化，意味着中国的宏观调控从传统的总需求管理为重心转变为需求管理与供给管理的相互统一，总量调控与结构转换的相互统一，短期增长与长期发展的相互统一。中国关于宏观调控的理论研究相应地对深化供给侧结构性改革产生了普遍的关注。事实上，学术界关于供给管理方面的研究是有较长历史的，早在20世纪80年代美国里根政府和英国撒切尔夫人政府推动的“供给革命”，就是根据西方资产阶级经济学中的所谓供给学派的理论展开的。我国20世纪80年代改革开放初期关于产业政策和产业组织及产业结构问题的研究，也具有供给分析的色彩。进入21世纪，我国经济增长中遇到的许多矛盾的根本动因集中在供给方面，并且主要体现为供给端的结构性失衡，这更是提出了深入研究的迫切要求。我与苏剑教授在研究中国经济增长问题的过程中体会到供给问题的理论重要性，并在2011年的经济增长报告中，把重点集中于供给

① 刘伟：《中国经济发展重点是深化供给侧结构性改革》，《人民论坛》2017年第1期。刘伟：《供给侧结构性改革：历史客观性、突出特点及制度创新要求》，《河北经贸大学学报》2017年第1期。

侧结构性改革的分析上。在此之前的2007年，我与苏剑教授合作，在《经济研究》和《北京大学学报》（哲学社会科学版）分别发表了论文《供给管理与我国现阶段的宏观调控》《供给管理与我国的市场化改革进程》，从供给管理的特点及对宏观调控方式改革的要求，特别是供给管理对市场化经济体制改革的要求展开了深入分析，从宏观和微观机制的不同层面讨论中国经济增长中的失衡克服与供给管理的关系。这是我国学术界较早的系统阐释供给管理的论文。后来，特别是2016年以后，我们分别在《管理世界》《经济研究》《中共中央党校学报》等学术刊物以及《人民日报》《光明日报》上发表多篇关于深化供给侧结构性改革的论文，被多家文摘转载，产生了较为广泛的影响。这些论文强调了我国供给侧结构性改革与西方“供给革命”的根本区别。

第一，理论渊源与历史观的根本不同。

西方“供给革命”的理论渊源在于古典经济学以来的传统。英国古典经济学之前的重商主义或重农主义学说，对财富的性质和生产认识虽有局限，但本质上是关于财富来源的讨论，属于供给研究。古典经济学本质上更是侧重供给分析的经济学说，强调分析国民生产，强调价值来源的探讨，强调劳动和产业的生产性质研究，典型代表即斯密的《国富论》。古典经济学既是对资本主义制度确立、对自由竞争时期的资本主义市场经济的政治经济理论的回应，也是对大机器工业替代工场手工业的产业革命的回应。因而，一方面从供给的角度集中并系统地讨论经济增长的动力、源泉、效率，另一方面从生产者的角度特别强调资本私有制的清晰和市场竞争的充分自由（实际上这两方面也构成了后来西方经济学中所谓“供给学派”的核心思想传统）。从古典经济学体系集大成者斯密到终结者李嘉图等，其理论和政策主张都是以突出供给方面的分析为特征的。对此，马克思甚至指出，这些古典经济学家“只注重供给而不管需求”。①

古典经济学瓦解之后直到马歇尔的经济学整合，同样也都坚持以供给分析为重点。其中以19世纪中叶的法国经济学家萨伊最典型，他所强调的“供给创造需求”等思想被后人概括为“萨伊定律”。其实，古典经济学之后直到凯恩斯之前的西方正统经济学（马克思称之为“庸俗经济学”）均强调供给分析，特别是强调在供给与需求的相互关系上，供给起决定性作用，并且可以创造需求，进而能与需求自动平衡。这种观点在本质上，不仅是在生产能力仍不够发达的情况下，对发展资本主义以大机器工业为基础的社会化大生产的强调，而且更重要的是作为资产阶级的政治经济学，对资本主义制度优越性和公正和谐性的强调。自1825年资本主义经济危机出现之后，古典经济学的“看不见的手”的自动协调和均衡学说受到冲击，资本主义市场经济的自由竞争能否形成总体和谐，进而资本主义制度是否有效成为必须回答的问题。萨伊等学者所谓“供给可以自动创造需求”的观点，包括19世纪末20世纪初马歇尔的《经济学原理》中对多种学说的综合，都是在集中论证资本主义市场经济可以形成供求均衡，之所以出现供求之间的矛盾，是因为资本主义市场竞

① 中共中央马克思恩格斯列宁斯大林著作编译局：《马克思恩格斯选集》第2卷，人民出版社，2012，第716页。

争不够自由和充分，而不是资本主义市场经济本身内在的矛盾所致。[1]直到凯恩斯主义的产生，才开始打破西方经济学的这种强调供给而忽视需求分析的传统，系统地否定了萨伊定律，并特别指出，供给与需求的均衡是偶然的，甚至只是理论上的假设，在现实中是难以成立的，在实际经济中的常态是有效需求不足下的失业和生产过剩的危机。

就强调供给分析和需求分析的分歧而言，自古典经济学强调供给分析开始，直到20世纪80年代西方经济学和政策实践中出现的“供给革命”，在经济哲学观上的共同点在于强调经济自由主义，强调资本主义私有制基础上市场竞争的自发自由性质，强调完善和维护市场充分竞争的公平秩序（这一点是我们在讨论新常态下供给侧结构性改革时必须注意的）。所以，“供给革命”本质上是回到经济自由主义传统。

“凯恩斯革命”之后对总需求分析的强调，在经济哲学观上与古典的传统的不同，主要在于强调政府从总需求上对经济干预的不可或缺性。

尽管对凯恩斯主义及其政府干预的政策有不同的认识，并且不断补充和修正，但其后的主流经济理论和政策的基调并无根本性变化，不过是把短期调节与长期调节、把经济自由主义与国家干预主义的不同政策要求，在一定程度上加以综合而已。自20世纪60年代末以来，主要资本

① 庸俗经济学家如马尔萨斯曾特别强调对需求的重视，但一方面马尔萨斯的理论并不是主流，另一方面也不完全反映资本利益，而是带有为地主阶级争辩的色彩。此外，对于需求与供给失衡原因的分析也缺乏根据。参见陈岱孙主编：《政治经济学史》，吉林人民出版社，1981。

主义国家经济出现“滞胀”，推动了人们对凯恩斯主义宏观经济学和政策主张的批评和修正，并进一步促使人们开始重视供给管理，形成所谓当代西方经济学中的“供给学派经济学”，即所谓针对传统凯恩斯主义需求管理的“供给革命”，对“凯恩斯革命”的革命。所以，“供给革命”的提出实际上是基于凯恩斯主义解释和推动资本主义市场经济恢复均衡能力的失灵。①

供给学派针对凯恩斯主义需求管理注重政策对市场上的消费者的影响，转而强调关注政策对供给侧的生产者的影响，强调在短期内通过降低税率等措施来刺激经济，提高企业的竞争力以增加就业，实现在需求增长不足条件下的均衡增长（如所谓“拉弗曲线”所描述的情况）。这种供给管理政策是被作为需求管理的替代物而提出来的，其目的是应对“滞胀”条件下需求端调控的局限性，以缓解短期经济的波动。

但是在实践中面对“滞胀”，20世纪80年代的美国里根政府和英国撒切尔夫人政府采取供给学派的政策，并未获得预期的成功，加之人们对于“滞胀”的理解进一步深入，供给管理政策的短期效应受到质疑，需求管理政策又重新占据了宏观经济政策体系中的主要位置，供给管理政策在主流宏观经济学的视野中逐渐淡出。到了20世纪90年代，伴随以信息技术、生物技术为代表的技术革命带来的产业结构演变，伴随经济全球化所导致的世界区域经济布局的深刻变化，以

① 刘伟、苏剑：《供给管理与我国的市场化改革进程》，《北京大学学报》（哲学社会科学版）2007年第5期。

及人们对长期经济增长及可持续发展命题关注程度的不断提高，技术创新政策、产业组织和产业结构政策、全球化及区域结构政策以及针对总供给的长期增长政策等，被作为长期性供给管理政策的主要构成部分，在淡化供给管理的短期政策效应的同时，重新引起了人们的关注。但运用供给管理政策处理一系列长期性矛盾、处理长期结构性失衡时，需要深刻的制度创新，特别是要求处理好政府与市场的关系，而在资本主义私有制条件下的市场经济机制，在基本制度上难以协调政府自觉调节和市场自发竞争的矛盾，因而供给管理政策的长期效应在实践中也难以取得明显成效，这就加剧了人们对供给管理政策及所谓“供给革命”的短期效应和长期效应的质疑。“供给革命”与“凯恩斯革命”虽然在经济哲学观和基本政策导向上不同，但在历史观上是一样的，即认为资本主义制度基础上的市场竞争机制能够推动资源实现有效配置，趋于均衡状态。而马克思主义恰恰认为资本主义制度不可能实现这种均衡。

我国供给侧结构性改革的理论根据是马克思主义经济理论。马克思的政治经济学就供给和需求分析而言，也是以供给分析为主的，其本质是分析社会生产方式及其历史运动，特别是考察资本主义生产方式。突出特点在于：其一，马克思是在生产、分配、交换、消费的生产关系矛盾运动等不同方面的统一中阐释供给与需求的关系，并且在这一生产关系矛盾运动中，论证生产（供给）是决定性的，需求作为一定的前提制约和影响着供给。生产方式规定着分配方式，并影响着交换和消费方式，同时需求反作用于供给，也制约着供给。其二，马克思关于供给的分析，不是论证资本主义市场经济供求之间或者可以自动均衡（看不见的手），或者可以通过完善市场竞争实现均衡（萨伊定律），或者可以引入政府干预克服失衡（凯恩斯主义），或者可以通过所谓“供给革命”实现再均衡（供给学派）等，而是把失衡的根源归结为资本主义制度，并从资本主义私有制与社会化大生产之间的根本冲突出发，揭示了这种失衡的不可克服性。其三，马克思的经济哲学观根本不同于资产阶级经济学中的经济自由主义或理性干预主义。经济自由主义和理性干预主义的长期争论是建立在共同承认资本主义制度的历史观的基础上的，虽然出发点和价值取向有所不同，但根本宗旨和落脚点都是解释和论证如何使资本主义制度更为有效，并认为资本主义制度是有可能有效实现供求均衡的，而马克思主义经济学的历史观则根本否定资本主义的这种制度可能。

第二，政策机制和实践效果的根本不同。

就供给学说在政策实践中的地位而言，在当代西方正统的宏观经济理论和政策体系中，自凯恩斯以来供给学说及政策常常被忽视，宏观经济理论和宏观调控方式往往等同于需求管理学说和政策。而我国进入经济新常态以来提出的深化供给侧结构性改革则是在需求与供给两端矛盾运动的统一体当中，把供给端的调控和变量作为重点，这既是基于我国经济运行实际矛盾的特殊性，也是在理论上的重要创新。

首先，西方正统经济理论和政策忽视供给分析和管理的制度性和体制性原因。

供给管理要求政府和市场之间充分协调、准确定位，政府调控必须以充分自由竞争的市场机制为基础，市场运行必须以有效的更好的政府调节为前提，否则供给侧调控可能促使经济体制产生根本否定市场机制作用的倾向。从供给管理的政策目的看，越是强调供给管理，越需要尊重生产者的市场权利和自由，使之更具竞争力，但从供给管理的政策着眼点看，越是强调供给管理，越需要直接影响生产者。如何使这两个方面真正协调？这对政府与市场的关系提出了更深刻的要求，但是资本主义私有制与生产社会化的根本冲突，使政府对市场的竞争中厂商行为的直接影响与资本私有制企业性质产生根本抵触。所以，供给管理在实践上难以推进，在理论上难以被重视，特别是供给管理与计划经济的某些政策上的相似性，西方正统资产阶级经济理论和政策出于对计划经济的疑虑，更加难以接受供给管理，20世纪80年代“供给革命”在美国和英国的失败，更加剧了他们对供给管理的怀疑。因而，“供给革命”在“滞胀”产生进而需求管理失灵的背景下，开始引起人们的重视，但很快需求管理又重新占据了宏观调控的主导地位。[①]

其次，我国供给侧结构性改革与西方“供给革命”的政策差异。

一是中国作为经济相对落后的发展中国家，发展中的主要矛盾集中在供给端，不同于发达资本主义经济矛盾主要集中在需求端，因此强调供给管理为重点更具发展上的针对性。二是资本主义社会的基本矛盾使政府与市场间难以有效

① 刘伟、苏剑：《供给管理与我国现阶段的宏观调控》，《经济研究》2007年第2期。

协调，因而需求管理与供给管理两种方式难以统一，中国特色社会主义市场经济条件下的公有制为主体的基本经济制度与市场竞争机制的统一，为协调政府与市场关系进而统一需求与供给管理创造了体制条件。三是我国供给侧结构性改革的落脚点是实现结构性效应，而西方正统经济理论和政策强调宏观干预的总量效应，主张结构效应通过市场竞争形成，不仅需求管理如此，即使供给学派也是在政策上以“减税”为主，即通过普遍降低企业成本增大总产出，达到所谓“减税等于增税”的政策效果，主要涉及的仍是总量效应，不强调结构效应。四是供给侧结构性改革政策着眼点是企业，是要在提高企业竞争力基础上改善效率，进而改变经济结构，对创新提出了深刻要求。创新的长期性和持续性要求宏观调控政策的连续性和稳定性，而当代西方政体下的多党选举制使政府难以考虑其任期的政策安排，我国则不然。五是供给侧结构性改革与总需求管理的重要不同在于：需求管理对于国民经济总体而言主要是中央政府的权力和职责职能，地方政府主要是贯彻执行，而且需求管理效应对地方政府而言具有很强的不确定性。供给侧结构性改革则不同，地方政府具有更为直接的作用功能，供给效应对于地方政府来说，边界和程度是清晰的，具有明确的属地性，这就要求更好地协调中央与地方政府间的关系。这在当代西方政体下是难以有效地治理的。①

① 刘伟、蔡志洲：《完善国民收入分配结构与深化供给侧结构性改革》，《经济研究》2017年第8期。刘伟：《我国供给侧结构性改革与西方“供给革命”的根本区别》，《中共中央党校学报》2017年第6期。后一文章被《新华文摘》2018年第6期转载。

第三章

治学经验及心得体会

一　必须深刻认识人文社会科学的重要性

从事经济学的教学和研究工作，首先必须对其重要性和特殊性有所尊重和认识。经济学是社会科学，而社会科学总体上不同于自然科学。由于许许多多的原因，不知从什么时候起，在我国形成了一种尽管没有明说但却蕴藏于心的传统，即重理轻文。这里所说的“理”是指广义的自然科学，“文”则指广义的人文社会科学。说实话，我及我们这一代中许多人学习经济学或人文社会科学，在很大程度上并非出自专业的自觉和对所学专业的热爱，而是因为“文革”期间中学基础不好，特别是数、理、化糟糕，出于无奈，报考了文科，否则是不会报的。我对人文社会科学重要性的认识是随着学习研究的深入逐渐形成的。

人文社会科学是人们认识客观世界的价值标准、基本方法、根本的世界观，以及在这种价值标准、方法和世界观对人类社会运动的各个方面规律的认识体系和学习体系，是推动历史发展和社会进步的重要力量。毛泽东同志曾说：“人们为着要在社会上得到自由，就要用社会科学来了解社会，改造社会，进行社会革命。”[①]邓小平同志说：“科学

① 毛泽东：《在陕甘宁边区自然科学研究会成立大会上的讲话》，转引自《毛泽东选集》第二卷，人民出版社，1991。

当然包括社会科学。”[①]习近平同志指出，哲学社会科学是人们认识世界、改造世界的重要工具，是推动历史发展和社会进步的重要力量，其发展水平反映了一个民族的思维能力、精神品格、文明素质，体现了一个国家的综合国力和国际竞争力。一个没有发达的自然科学的国家不可能走在世界前列，一个没有繁荣的哲学社会科学的国家也不可能走在世界前列。[②]

第一，当人们对社会发展历史规律缺乏科学认识的时候，是不可能推动社会历史进步的。以欧洲近代以来的发展为例，从15世纪文艺复兴开始，倡导重回古典的思想奔放时代的自由之精神，摆脱中世纪的桎梏和基督教的思想束缚，开启了反专制的思想动员，到16世纪的宗教改革，再到17世纪的科学革命，掀开了现代科学的发轫期，又到18世纪启蒙运动，倡导科学与进步的理性与破除迷信与无知的教育，号召人们跟着科学走，直到19世纪浪漫主义运动的兴起，呐喊自由形成与启蒙运动推崇理性的科学间的鲜明对应。正是在这种思想解放和社科发展的历史进程中，催生了18世纪中后期的工业革命，开启了工业文明与农业革命的历史联结，推动了资本主义革命，极大地解放和发展了社会生产力，空前加速了人类文明的发展。至于后来基于对资本主义生产方式批判基础上产生的马克思主义学说，更是无产阶级认识世界、改造世界，进而推动历史进步的巨大的社会科学力量。

---

① 邓小平：《关于科学和教育工作的几点意见》，转引自《邓小平文选》第二卷，人民出版社，1994。

② 参见“习近平在哲学社会科学工作座谈会上的讲话”（2016年5月17日）。

第二，人文社会科学是改造人类自身的重要工具（正是因为哲学社会科学对于人类自身有着特殊的意义，所以又被称为“人文社科”）。中国的传统尤其强调这种人文精神。中国的传统中，“人文”出自《周易》，对应于“天文”，“刚柔交错，天文也。文明以止，人文也。观乎天文，以察时变；观乎人文，以化成天下”。也就是说，究天文，以知道自然界的变化，而人文则是以文化人，文明以止，让人明白做人的准则，做事的准则，认识世界的价值观。只有在人本身被文化养成的基础上，人本身才能正确地认识和对待自然界，正确地认识和对待社会，才能真正实现“究天人之际”——了解人与自然，“通古今之变”——理解人与社会。也就是说，哲学（人文）社会科学直接关乎人的价值观的形成，关乎人类社会活动的历史价值取向，关乎判断事物的是非标准的确立，关乎社会发展中的人文情怀、人文气质、人文素养的养成，而这种人文关怀，又会直接涉及对人的尊重，对生命的尊重，对生活的热爱，对自然的热爱，对真善美的追求，对爱的追求，等等。

二　必须深刻认识人文社会科学的特殊性

人文社会科学较之自然科学很大的不同之处在于：自然科学的功能重在质疑和发现，即发现自然界的问题并阐释其运动规律；人文社会科学除具有对社会问题和规律的质疑与发现外，其本身特别强调批判和担当，即强调社会历史责任，强调家国情怀。这就必须处理好以下关系。

第一，人文社会科学作为历史的科学，其意识形态的价值指向性与分析和解释能力的科学性之间如何统一？对于自然科学来说，学说本身并无阶级性。但社会科学作为科学最为基本的功能，是从实际出发展开深入的逻辑剖析，对一定的命题加以证实或证伪的。同时，社会科学具有特定的阶级立场和历史价值取向。那么怎样统一这种阶级性和价值指向性与科学性和实证性？我们的哲学社会科学是以马克思主义为指导的。马克思主义是科学，为我们研究社会科学提供了基本的世界观、方法论；马克思主义是无产阶级的学说，有其阶级性，这是我们哲学社会科学研究的根本；马克思主义是方法不是教条，有其强烈的实践性和发展性。如何在马克思主义指导下，把社会科学的阶级性、科学性、发展性、实践性有机统一起来，是我们面临的具有根本性特征的命题。①

第二，人文社会科学作为历史的科学，其传统与现代之间，即传统的继承性与现代的批判性之间如何统一？对于自然科学来说，以往和未来之间是自然的继承和积累的过程，虽对已有的理论存在质疑和否定，但大都是建设性的否定，以往的积累成为新的发现的基础和支持，呈现出自然科学的自然发展的过程状态。而人文社会科学则不同，往往会产生传统与现代的对立和批判。欧洲近代以来的社会科学的发展，在很大程度上并不是继承中世纪的，而是建立在对中世纪的批判基础上的，所以就有了文艺复兴、宗教革命、科

① 参见“习近平在哲学社会科学工作座谈会上的讲话”（2016年5月17日）。

学革命、启蒙运动、浪漫主义革命，这些都是从不同方面对中世纪的否定。中国传统文化进入现代之后，作为封建传统与现代文明是不一致的，在根本上是对立的，所以就有了“五四”运动、新文化运动、中体西用之争、全盘西化的思潮等。传统与现代并非可以自然地和谐，往往带有深刻的历史对立和现代批判。但人文社会科学作为科学又要求不断地积累，具有历史的继承性，特别是我们中华民族有着世界上从未间断的历史悠久的文明，有着极为深厚的文化传统底蕴。这种传统形成了富有特色的思想体系，体现了中国人几千年来的知识和智慧、理性和思辨的积累，需要薪火相传，代代守护。中国的人文社会科学怎样在守护中华民族最基本的传统文化基因与中华文明创造性成长的统一中发展，这是极为艰难的需要不断探索的命题。[①]人文社会科学的每一次进步和发展，几乎都包含着深刻的传统与现代的争辩。人文社会科学只能在这种争辩中探讨、传承和发展。

第三，人文社会科学作为历史的科学，其民族性与世界性如何统一？自然科学基本上没有民族性与世界性的问题，人文社会科学则很突出。不同民族的国家往往面临一系列共同的社会问题，因而社会科学在回答这些共同的社会问题时，从方法、概念、范畴、知识、逻辑等方面，必定存在共同的基础。但作为社会问题的具体存在，不是一般的抽象，而是具体的发生，这种具体的发生，总是在具体的民族国家的具体历史条件下。因此，社会科学面对的社会问题，首先是各个民族国家具体历史实践中表现出来的问题。社会科学

① 参见“习近平在哲学社会科学工作座谈会上的讲话”（2016年5月17日）。

的抽象分析只能透过对具体问题的抽象而实现，这就形成了社会科学的民族（国家）特殊性与世界普遍性之间的矛盾，形成了不同民族、不同历史文明的比较、借鉴、批判的可能。因此，对于社会科学而言，就产生了民族性与世界性的相互关系问题：既不能以民族性否定世界普遍性，封闭和排斥其他文明的社会科学，不能称其为科学；也不能以世界性否定民族特殊性，脱离民族国家具体社会历史实践的社会科学，只能是空洞的教条。怎样实现既是民族的，又是世界的？怎样在解决好民族性问题的基础上，更有能力去解决世界性问题？这是社会科学面临的又一特殊问题。①

第四，人文社会科学作为历史的科学，其思想内容和话语形式之间如何统一？学术思想体系与话语体系怎样协调——自然科学中基本没有这一问题，但人文社会科学的思想性和表述语言体系之间的协调，往往需要作出特别的努力。话语体系是科学性的有机组成部分，一定的发现和思想能够被准确地表述出来，本身也是这种发现和思想成熟的标志。所以有人说，一门学问的科学程度在很大程度上要看数学在其中的应用程度，因为数学语言是简明而准确、严谨而清晰的（据说这一观点可以追溯到古希腊）。但也有另一种看法，认为一门学问的死亡同样是要看数学在其中的应用程度，因为一种发现或思想过于依赖数学表述方式上的精美，其本身的思想内容相较而言就显得十分苍白，那么这一学问的特殊内在价值也就丧失了。这种矛盾现象在自然科学中或许也存在，但在社会科学领域更严重，更需关注。因为对于

① 参见“习近平在哲学社会科学工作座谈会上的讲话”（2016年5月17日）。

社会科学来说，话语体系本质上是方法论问题，话语体系的表达方式一定要与问题的思想内容的科学阐释相互协调。特别是对于经济学而言，西方资产阶级正统经济学中的边际革命（1871年前后），开启了数学在经济学中的系统运用，直到当代成为基本的分析工具和阐释方法（一般均衡分析），甚至把经济学理解为求解极值的过程。这种学说史上的演变，其背后是有深刻的经济史动因的，并不是简单的话语方式的变化。在当下大数据、信息化条件下，话语方式更具分析工具性质，也就更需要有机地统一社会科学作为科学的思想性与作为话语体系的准确性。

还可以列举出社会科学的其他特点。这些特点事实上要求作为学习和研究社会科学的学者，尤其是经济学者，首先应当强调思想之独立。自然科学往往要有团队、实验室等集体的支持，人文社会科学的某些工作也需要集体工作，但人文社会科学最根本的在于其思想性，而这种思想性最需要的是思考的独立性。思想之独立，是人文社会科学必须恪守的精神。思想就其本源来说，也只能是独立的。其次，应当强调学术之包容。人文社会科学是历史的科学，很多观点正确与否、对错是非往往不是当代人能下定论的，况且许多真正深邃的思想，不是当代大多数人能理解的，往往要经过历史的检验，甚至是被历史重新认识和发现的。我们有更多的包容，就会给历史和后人留下更大的空间，后人比我们更聪明，历史比当下更清醒。让历史去批判，让实践去检验，这才是马克思主义最根本的方法。再次，要有等待之耐心。就是说需要付出长期艰苦的努力。古话说，“书山有路勤为径，学海无涯苦作舟”，只有肯吃苦和肯努力，才能有所收获。我想，这个道理无须多说。自然科学中或许出现过“灵光一现”的现象（其实所谓“灵光”也只能是建立在长期积累基础上的爆发），而人文社会科学只能靠长期孜孜不倦的探求，只能靠长期体察思考的养成，否则只能是各领风骚几十天，在当下信息网络化时代，甚至是各领风骚几十秒。

三 必须树立理论自信

中国自近代以来，特别是中国沦为半殖民地半封建社会之后，在相当长的时期里缺乏理论自信，包括经济学等许多学科在内的整个人文社会科学，都在不同程度上缺乏自信。这种自信的缺乏当然是缘于中国近代以来相当长的时期内发展上的落后，这种发展上的落后与缺乏制度自信和道路自信交织在一起，形成了缺乏理论自信、文化自信的传统。

就经济学而言，作为学科意义上而不是作为经济思想意义上的经济学在中国的出现，是在20世纪初，并且严格来说是舶来品。尽管中国历史上许多思想家提出了一些深刻的经济思想，但不成其为系统的经济学科。积贫积弱的社会经济本身是难以产生真正的经济学理论的，落后的社会本身不会为先进经济理论的产生创造可能。而为拯救这落后的经济，人们自然会从先进国家引进发展的理论。在那个年代，严复先生翻译了斯密的《国富论》，这意味着西方古典经济学开始进入中国；陈启修、郭大力、王亚南等先生翻译了马克思的《资本论》，揭开了马克思主义经济学在中国传播的帷幕。当时中国一些著名大学也先后设立了经济学系，如：北京大学1912年将京师大学堂原有的经济学门改为经济学系，并按照现代经济学科的要求来构造教学体系；清华大学、南开大学、中山大学、武汉大学等许多所大学也都在20世纪20年代陆续设立了经济学系。查阅当时各大学经济学系开设的课程可知，基本上是按照欧美国家大学的课程结构复制的，沿袭着西方资产阶级正统经济学的学科传统和理论传统。在这些大学经济学系执教的老师也多为从英、美、德、日、法等国留学回来的学子。那时的人文社会科学，包括经济思想传播方面，尽管也有马克思主义的声音，但很微弱。如《资本论》的翻译和讲授，李大钊等先辈对马克思理论的早期传播等。同时，即使是马克思主义的经济思想，同样也是从国外引进的，并非源自中国的历史实践。而且马克思经济理论在大学的讲坛和理论领域是作为异端被排斥的，占主流的是西方正统的资产阶级经济学。这种情况一直延续到中华人民共和国成立后。

自1952年我国高校院系调整起，我国大学经济学学科建设和教学体系构建开始纳入苏联轨道，西方正统资产阶级经济学在我国经济学教学和研究领域几乎消失了，除个别学校被批准保留不多的师资和研究力量外（如当时的北京大学、武汉大学等），其他都被取消了。即使稍有保留的，也是在批判的前提下开展研究，难以开展客观的科学研究，更不允许其占据大学讲坛，取而代之的是经过苏联学术界解释的马克思主义的经济理论和课程。这种向苏联（斯大林模式）的马克思主义经济学的全面依附，根本原因在于我们把当时苏联的社会主义作为先进制度，把苏联的工业化模式作为正确道路，把苏联的发展成就作为赶超目标。这种在制度、道路和目标上的依赖，不能不产生理论上的依赖，这种依赖实际上也是缺乏理论自信的表现。

可以说在20世纪的半个多世纪里，经济学的教学和研究在中国先后沿袭着两个传统，先是依附于西方资产阶级正统经济学学术和学科传统，后是依附于斯大林模式的马克思主义经济学的学术和学科传统，缺乏我们自身的经济学理论的自觉和自信。中国与苏联关系破裂后，以毛泽东同志为首的中国共产党人，对中国社会主义经济发展作出了独具特色的探索，力图创造出符合中国发展的社会主义制度、道路以及相应的理论，但总体上并不十分成功；尤其是长期被忽视且十分落后的经济发展现实，使发展中国的经济思想探索难具说服力，留下来的不是系统的经济学科学理论，而是对不同经济思想的批判和否定。这种在全面批判和全面否定基础上形成的理论自尊，本质上同样是缺乏理论自信的表现，这种理论自信的缺乏，同样缘于落后的经济现实。我们经济理论自信的科学形成和真正树立，始于改革开放的伟大实践。改革开放的伟大实践，对经济学的教学和研究，提出了一系列崭新的命题和挑战，在回答这些命题和挑战，进而推动改革开放伟大事业历史进程中，逐渐形成了中国特色的社会主义经济理论和学科体系；而改革开放所取得的巨大成就，特别是在解放和发展生产力上的伟大创举，使我们在中国特色社会主义制度、道路的创新和开拓上充满着信心。这种实践上的信心和成就，支持着理论上的自信；在这种理论自信的基础上，完全能够也十分需要形成具有中国风格、中国气派、中国特色的人文社会科学理论体系、学术体系、话语体系，形成中国特色社会主义理论并且使之不断地发展。[①]

当然，树立理论自信与培育理论自觉紧密相关，这种理论自觉所包含的内容或许很丰富而又具有不确定性，但其中极为重要的是学者们在学术探索中的家国情怀，是服务祖国的赤诚，是直面问题的创新勇气。理论和文化上的自信与自觉只能与国家和民族发展的命运紧密相连。从更久远的传统上看，我们中国是不乏文化自信和理论自觉的。在雅斯贝尔斯所说的人类文明轴心期，中国古代思想文明丝毫不逊于古希腊，老子、孔子、孟子、庄子、荀子、韩非子、墨子等诸子百家创造的思想智慧，直到今日依然光芒万丈。张骞通西域，经丝绸之路、茶马古道传送到中亚、东亚、南亚、欧洲的不仅仅是茶、丝织品，还包含中国的文化，自世界带回中国的不仅仅是钱币、货物，还有包括地中海文明在内的世界对中国古老黄河文明的敬仰。而这种令人尊重的文化，靠的是学者们的文化创造的自觉，这种自觉深刻的根源是家国情怀的传统。中国文化历来不缺乏这种传统，北宋大儒张载著名的“横渠四句”（四句教）就是集中体现：“为天地立心，为生民立命，为往圣继绝学，为万世开太平”。这是我们社会科学教学研究者，应当牢牢记住并不断践行的。

① 刘伟：《在社会主义市场经济伟大实践的基础上树立中国经济理论的自信》，《政治经济学评论》2013年第1期。

附录

具有代表性的文章

一 中国经济改革对社会主义政治经济学根本性难题的突破

刘伟

摘要：社会主义初级阶段公有制为主体、多种所有制经济共同发展的基本经济制度，与市场机制对资源配置起决定性作用，两者如何实现有效结合，这是构建中国特色社会主义政治经济学的根本性难题。西方资产阶级经济学以及对马克思主义经典作家思想的传统理解，否认两者统一的可能性。中东欧经济转轨国家关于两者结合的实践及理论探索，均以放弃公有制而告终。中国特色社会主义经济改革实践的根本特征，在于坚持两者的有机统一，已经取得了重大进展，同时面临一系列新的问题。

关键词：中国特色社会主义政治经济学　社会主义市场经济　公有制　市场机制　混合所有制

作为中国改革的总设计师，邓小平早在改革开放初期就指出，中共十二届三中全会作出的《中共中央关于经济体制改革的决定》写出了一个政治经济学的初稿，这是马克思主义基本原理和中国社会主义实践相结合的政治经济学。[①]经过30多年改革开放的伟大实践，一方面，中国特色社会主义政治经济学的建设获得了很大的进展，另一方面，改革发展

① 邓小平：《邓小平文选》第三卷，人民出版社，1993，第93页。

实践本身为社会主义政治经济学的进一步发展提出了更为深刻的历史要求。特别是我国经济发展进入新常态以来，所面临的机遇和挑战亟待运用社会主义政治经济学予以分析和回答。中共十八大以来，习近平总书记多次强调，要加强中国特色社会主义政治经济学的建设，明确了中国特色社会主义政治经济学必须坚持的重要原则。他着重指出："要坚持社会主义市场经济改革方向，坚持辩证法、两点论，继续在社会主义基本制度与市场经济的结合上下功夫，把两方面优势都发挥好。"[①]坚持社会主义市场经济改革方向，根基在于从解放和发展生产力的根本要求出发，将社会主义初级阶段公有制为主体、多种所有制共同发展的基本经济制度，与市场机制发挥决定性作用的资源配置方式有机地结合起来，实现两者的辩证统一。

（一）社会主义初级阶段基本经济制度与市场机制如何结合

1．坚持中国特色社会主义市场经济改革方向，既是我国改革发展实践需要坚持的基本原则，也是中国特色社会主义政治经济学面临的突出问题

这一问题的核心在于如何实现社会主义初级阶段公有制为主体、多种所有制共同发展的基本经济制度与市场经济机制的结合。这一主题至少涉及两个层次的问题：一是社会主

① 《习近平在中共中央政治局第二十八次集体学习时强调 立足我国国情和我国发展实践 发展当代中国马克思主义政治经济学》，http://news.xinhuanet.com/politics/2015-11/24/c_1117247999.htm，访问日期：2015年1月24日。

义公有制与商品、货币、市场经济关系的统一；二是政府调节与市场调节的协调。

马克思的政治经济学批判为此提供了方法论的指导。首先，就所有制而言，马克思指出，财产关系“只是生产关系的法律用语”，[①]“要想把所有权作为一种独立的关系、一种特殊的范畴、一种抽象的和永恒的观念来下定义，这只能是形而上学或法学的幻想”“因此，给资产阶级的所有权下定义不外是要把资产阶级生产的全部社会关系描述一番”。[②]在市场经济下，正如马克思指出的，“流通是商品所有者的全部相互关系的总和”。[③]对社会主义初级阶段公有制性质及其实现形式与市场经济结合的分析，同样需要遵循马克思政治经济学分析的这一基本方法。其次，就市场关系而言，马克思阐述了商品流通的基本前提和一般规律。马克思写道：“商品不能自己到市场去，不能自己去交换。因此，我们必须找到它的监护人，商品所有者。”“为了使这些物作为商品彼此发生关系，商品监护人必须作为有自己的意志体现在这些物中的彼此发生关系，因此，一方只有符合另一方的意志，就是说每一方只有通过双方共同一致的意志行为，才能让渡自己的商品，占有别人的商品。”“这种具有契约形式的（不管这种契约是不是用法律固定下来的）法

① 中共中央马克思恩格斯列宁斯大林著作编译局：《马克思恩格斯选集》第2卷，人民出版社，1972，第82页。

② 中共中央马克思恩格斯列宁斯大林著作编译局：《马克思恩格斯选集》第1卷，人民出版社，1972，第144页。

③ 中共中央马克思恩格斯列宁斯大林著作编译局：《资本论》第1卷，人民出版社，1975，第188页。

权关系，是一种反映着经济关系的意志关系。这种法权关系或意志关系的内容是由这种经济关系本身决定的。在这里，人们只是作为商品的代理即商品所有者而存在。”[①]因此，“商品交换本身除了包含由它自己的性质所产生的从属关系以外，不包含任何其他从属关系。”[②]商品等价交换“这个领域确实是天赋人权的真正乐园，那里占统治地位的只是自由、平等、所有权和边沁。”[③]马克思继续写道：“生产当事人之间进行的交易的正义性在于：这种交易是从生产关系中作为自然结果产生出来的。这种经济交易作为当事人的意志行为，作为他们的共同意志的表示，作为可以由国家强加给立约双方的契约，表现在法律形式上，这些法律作为单纯的形式，是不能决定这个内容本身的。这些形式只是表示这个内容。这个内容，只要与生产方式相适应，相一致，就是正义的；只要与生产方式相矛盾，就是非正义的。”[④]尽管这里阐述的市场交易当事人之间等价交换的平等关系，只涉及市场经济流通过程的表象甚至是其“荒谬形式”，但马克思认为，“这种种形式恰好形成资产阶级经济学的这种范畴。对于这个历史上一定的社会生产力即商品生产的生产关系来说，这些范畴是有社会效力的，因而是客观的思维形

① 中共中央马克思恩格斯列宁斯大林著作编译局：《资本论》第1卷，人民出版社，2004，第102—103页。

② 中共中央马克思恩格斯列宁斯大林著作编译局：《资本论》第1卷，人民出版社，2004，第190页。

③ 中共中央马克思恩格斯列宁斯大林著作编译局：《资本论》第1卷，人民出版社，2004，第199页。

④ 中共中央马克思恩格斯列宁斯大林著作编译局：《资本论》第3卷，人民出版社，2004，第379页。

式”。[1]就社会主义市场经济运行的形式而言，也是如此。

现在回到上述第一个层次即社会主义公有制与商品、货币、市场经济关系的统一问题，至少在两个方面需要在理论上作出回答。一方面，社会主义初级阶段多元化的所有制结构应当怎样安排，才能在保障公有制（包括国有经济和集体经济）占主体、其他多种所有制经济共同发展的社会性质中，同时体现商品、货币、市场关系价值规律的约束，满足市场经济运行的要求。另一方面，公有制本身如何适应市场经济的基本要求。如果坚持公有制为主体的所有制结构，同时坚持市场经济在资源配置中起决定作用，那么，占据主体地位的公有制本身必须适应市场竞争对所有制和企业产权制度的基本要求，特别是涉及国有制的地位和分布应当如何确定，采取怎样的实现方式，才能使市场竞争的主体秩序得以维护。

市场经济流通领域竞争交易的本质，是建立在一定所有制基础上的所有者，行使彼此独立的商品所有权，通过自愿的相互让渡而获取经济利益的行为。有效的交易或充分的竞争，在所有制或产权制度上至少需满足两个基本条件：一是生产资料所有制及相应的所有权必须是单纯经济性质的权利，进而可以首先服从市场经济运行的规则，而不附有超经济强制（如行政的、司法的、政治的、宗法的等）的性质，以保障市场公平交易的可能性。前资本主义社会虽然早已出现私有制和社会分工（马克思所说的市场交易产生的两个基

① 中共中央马克思恩格斯列宁斯大林著作编译局：《资本论》第1卷，人民出版社，2004，第93页。

本前提），但却没有生成市场经济形态，重要原因在于，基于狭隘自然经济的“人的依赖关系”（见下文）造成的超经济强制——司法职能和行政职能都成了“土地所有权的属性”。[1]二是交易者相互之间必须对于交易之物具有明确的所有制或产权界区，交易说到底是权利的彼此让渡，存在界区和排他性。这是市场交易形成商品所有权转移的前提，权利若无不同权利主体之间的转移便不是市场交易。尤其是交易界区必须界定不同所有者在相互交易过程中的权利、责任、利益边界和相互关系，进而使交易者既有相应的权利，又有与权利相应的责任约束，同时又有与责任相适应的利益激励，使交易有效且有序。上述两个基本条件，首先在资本主义私有制基础上得到满足，因此市场经济在历史上首先与西欧资本主义基本制度融为一体，形成资本主义市场经济。[2]社会主义公有制能否、怎样满足市场经济的基本要求？这是前无古人的历史性命题，也是中国特色的社会主义市场经济改革实践和中国特色社会主义政治经济学必须回答的主要问题。

对于第二个层次即政府与市场关系来说，关键是要协调政府主动调节与市场竞争调节的关系。处理这一关系，首先是对政府和市场的定位及功能、作用范围、作用方式、作用程度的界定。事实上，不仅在社会主义经济中面临政府与市场相互关系的问题，当代资本主义社会经济体同样面临

① 中共中央马克思恩格斯列宁斯大林著作编译局：《资本论》第3卷，人民出版社，1974年，第436、889—897页。中共中央马克思恩格斯列宁斯大林著作编译局：《马克思恩格斯全集》第46卷，人民出版社，2003，第913页。

② 厉以宁：《资本主义的起源》，商务印书馆，2003。

这一问题。在中国特色社会主义经济中处理这一关系的特殊性在于，如何在公有制为主体、多种所有制经济并存的初级阶段基本制度基础上，构建政府规划与市场调节之间的协调体制。说到底，政府调节与市场调节的有机统一和协调，是公有制为主体、多种所有制经济长期共同发展这一基本制度的运行和实现方式，并非一般意义上的调节资源配置方式问题。在社会主义经济理论和实践探索中，之所以围绕计划与市场关系长期存在深刻的分歧及争论，根本原因就在于此。

2．在经济思想发展史上，社会主义公有制与市场经济机制能否结合，始终遭遇两个方面理论传统的否定

一方面的否定来自资产阶级正统经济学的传统，从英国古典经济学到马歇尔的新古典理论，再到凯恩斯主义及新古典综合和新古典宏观经济学等不断演变的主流经济理论，以及早期的重农主义、重商主义及至当代的货币主义、新凯恩斯主义等流派，都否定社会主义公有制与市场机制结合的可能性，都把集中计划视为公有制的运行及实现形式，把竞争性市场视为资本私有制的运行及实现形式。它们把公有制与市场经济对立起来，进而否定公有制社会获得市场竞争性效率的可能性。[①]另一方面，马克思主义政治经济学的传

① 事实上，这也是20世纪20—30年代发生的，而后产生深远影响的米塞斯—哈耶克与兰格之间关于社会主义前途命运大论战的核心问题。参见路德维希·冯·米塞斯：《社会主义制度下的经济计算》，《现代国外经济学论文选》第9辑，商务印书馆，1986。A. 哈耶克：《个人主义与经济秩序》，邓正来译，复旦大学出版社，2012。奥斯卡·兰格：《社会主义经济理论》，王宏昌译，中国社会科学出版社，1981。Brus W. and Laski K., *From Marx to the Market: Socialism in Search of an Economic System*（Oxford: Clarendon Press, 1989）.

统认识同样否认公有制与市场经济兼容的可能性。在马克思的政治经济学体系中，私有制和社会分工是产生商品生产和交换的必要历史条件，资本主义生产资料私有制是竞争性市场机制存在的基本制度基础。前资本主义社会的私有制，由于社会分工的不发展以及超经济强制的存在，其本身无法形成以交换价值为基础的社会生产方式。马克思从历史人民主体性的发展出发，将人类社会的演进概括为三大社会形式（社会形态）。[①]与“以物的依赖性为基础的人的独立性”这一“第二大”社会形式相对立的，是“人的依赖关系”这一“最初的社会形式”：“人都是互相依赖的：农奴和领主，陪臣和诸侯，俗人和牧师。物质生产的社会关系以及建立在这种生产的基础上的生活领域，都是以人身依附为特征的”“人们在劳动中的社会关系始终表现为他们本身之间的个人的关系，而没有披上物之间即劳动产品之间的社会关系的外衣”。[②]在消灭了私有制以及工农、城乡和脑力劳动与体力劳动三大差别的共产主义社会，则根本不可能存在市场经济关系。就历史价值取向而言，生产是人类本身的社会活动，但在商品生产和交换的市场经济条件下，人们生产社会

① 杨学功、楼俊超：《如何理解马克思的三大社会形态理论：兼评学界的几种常见理解》，《教学与研究》2012年第8期。两位作者指出，马克思原文中的“社会形式”一词，在马克思著作的德文版中用的是Gesellschaftsform，新的中文版《马克思恩格斯全集》将其翻译为“社会形式”，这与全集旧版的翻译“社会形态”（Gesellschaftsformation）略有差异。

② 中共中央马克思恩格斯列宁斯大林著作编译局：《马克思恩格斯全集》第30卷，人民出版社，1995，第107—108页。中共中央马克思恩格斯列宁斯大林著作编译局：《马克思恩格斯全集》第44卷，人民出版社，2001年，第94—95页。

化的实现需要经过市场交换间接地实现。当事人支配不了自身的生产命运，要由异己的市场力量决定，以致形成了商品货币的市场拜物教性质。人类社会发展形态从“人的依赖关系”向“物的依赖性”的转变及其造成的物对人的支配这种主客体关系的颠倒和扭曲，将创造必要的物质条件，使其为个人全面发展的未来新社会所取代。那时人们之间的社会联系和生产的社会性不再，也不应当继续采取迂回和间接的方式实现，而是以自觉和直接的方式实现。①

对于如何看待马恩经典作家关于社会主义（共产主义第一阶段）与市场机制的关系，长期存在着认识分歧。尤其是苏联、东欧剧变后，一些西方研究马克思主义的学者，根据对马恩经典作家思想材料的“重新发现”，认为马恩经典作家并非武断地把社会主义与市场对立起来。他们根据对马克思、恩格斯《共产党宣言》中提出的、无产阶级夺取政权的革命胜利后需要立即建立的制度安排的理解，认为其具有“市场社会主义”的特征。②特别是恩格斯在《共产党宣言》前几个月写的《共产主义原理》，以及马克思、恩格斯在《共产党宣言》之后写的《共产党在德国的要求》，③更

① 详见《资本论》第1卷，第一章第四节《商品的拜物教性质及其秘密》，第87—101页。中共中央马克思恩格斯列宁斯大林著作编译局：《马克思恩格斯选集》第3卷，人民出版社，1976，第10页。

② 伯特尔·奥尔曼编：《市场社会主义：社会主义者之间的争论》，段忠桥译，新华出版社，2000。

③ 中共中央马克思恩格斯列宁斯大林著作编译局：《马克思恩格斯选集》第1卷，人民出版社，2012，第295—312页。中共中央马克思恩格斯列宁斯大林著作编译局：《马克思恩格斯全集》第5卷，人民出版社，1958。

似意味着无产阶级夺取政权后到建成消灭私有制和市场机制的共产主义社会之间，需要一个很长的历史过渡时期，其间建立的是非资本主义而又具有市场特征的社会主义经济，特别是对于经济落后的国家（如当时的德国）来说，这一历史时期或许更长。①

认为马恩经典作家具有“市场社会主义”思想的这些论述，概括起来具有如下共同点：一是认为，马克思、恩格斯关于未来新社会与市场对立的论述，是指在生产力高度发达基础上建立并发展起来的共产主义社会，而不是作为其初级形态的社会主义社会。二是认为，无产阶级夺取政权革命后，在相当长时期内之所以保留市场关系，是因为不得不存在的生产资料所有制多元化的混合经济，有资本主义私有制经济，有合作社经济，有小私有经济，还有占主导地位的国有制经济，正是这种不同所有制混合经济的存在规定了不能取消市场，并且市场存在的期限取决于对不同所有制混合经济逐渐改造的期限（有人根据马克思、恩格斯的提法，估计要一代人的时间，也有估计为几代人的时间）。②

总之，作为科学社会主义的基本原理，我们应当把握好以下几个命题。第一，马恩经典作家的系统思想论证了在生

① 在1891年7月1日恩格斯致施米特的信中，针对后者计划写关于“过渡时期”的著作，恩格斯写道：“我劝您：放它九年，先不拿出！这是目前存在的所有问题中最难解决的一个，因为情况在不断变化。”（中共中央马克思恩格斯列宁斯大林著作编译局：《马克思恩格斯全集》第38卷，人民出版社，1972，第123页。）

② 参见詹姆斯·劳勒的《作为市场社会主义者的马克思》以及伯特尔·奥尔曼编的《市场社会主义：社会主义者之间的争论》。

产资料社会共同占有制（公有制）的共产主义社会，不但消灭了一切私有制，也不可能存在商品货币市场关系。[①]第二，马恩经典作家论证了无产阶级夺取政权后到共产主义社会之间存在着一个历史“过渡时期”，在这一时期仍然保留着国家、企业、银行、货币、商品、市场等“旧社会的痕迹”。[②]但对于这一过渡期本身是否应具有社会主义社会的性质及其表达方式存在争论。[③]显然，马克思所论述的“共产主义第一阶段”与“过渡时期”是两个不同的发展阶段。[④]第三，马克思对上述“过渡时期”存在市场的确认，是以承认这一时期多种经济成分的并存为条件的。十月革命胜利的列宁（新经济政策时期）、布哈林也把市场关系作为这种过渡时期的重要制度，并以这一时期所有制的多元化为基础。但马恩经典作家及后来的列宁等，并未论述公有制本身与市场经济结合的具体运行机制。

中国特色社会主义经济理论与实践是在特殊的历史环境

---

① 中共中央马克思恩格斯列宁斯大林著作编译局：《马克思恩格斯选集》第1卷，人民出版社，2012，第399—433页。中共中央马克思恩格斯列宁斯大林著作编译局：《资本论》第1卷，人民出版社，2003，第47—88页。中共中央马克思恩格斯列宁斯大林著作编译局：《马克思恩格斯选集》第3卷，人民出版社，2012，第352—372页。

② 中共中央马克思恩格斯列宁斯大林著作编译局：《马克思恩格斯选集》第3卷，人民出版社，2012，第10、21页。

③ 马克思在晚年说过，“我从来没有创造过‘社会主义体系’”。（中共中央马克思恩格斯列宁斯大林著作编译局：《马克思恩格斯全集》第19卷，人民出版社，1963，第399页。）

④ 中共中央马克思恩格斯列宁斯大林著作编译局：《马克思恩格斯选集》第3卷，人民出版社，2012，第12、21页。智效和：《关于“社会主义初级阶段属于过渡时期”的观点述评》，《理论学刊》2003年第3期。

条件下形成和发展起来的。我国通过新民主主义革命，一举从长期历经苦难的半殖民地半封建社会进入社会主义初级阶段，这种中国特色的社会主义道路尤其是其初级阶段的发展，不能不具有历史长期性。它与马恩经典作家所说的共产主义包括共产主义第一阶段的距离路程漫长，不具备取消商品、货币、市场的客观生产力基础。但同时我们又从根本上否定了私有制，建立的是公有制为主体、多种所有制共同发展的初级阶段基本经济制度，所以我们有必要也有可能在此基础上培育市场机制。我们不必拘泥于名称概念的具体提法，无论是“过渡时期”还是“社会主义”或“共产主义第一阶段”等，重要的是，中国共产党关于“社会主义初级阶段”的理论回答了这一阶段所要肩负的历史任务，[①]并在实践中取得了举世瞩目的进展。在社会主义的初级阶段，我们力图使市场在资源配置上发挥决定性作用，这就要求在社会主义初级阶段多种经济成分并存的结构中，不仅非公有制经济，而且占主体的公有制经济本身必须被纳入市场经济，实现公有制与市场经济结合的有机统一。无须赘言，马克思关于人类社会演进第二大社会形式“物的依赖性”的理论涵盖范围，必然延伸到中国的社会主义初级阶段。但恰在这个关键节点上，马恩经典作家以及以往的社会主义实践均未给出如何解决问题的现成答案，需要我们进行创造性的探索。

① 参见中共十三大报告《沿着中国特色的社会主义道路前进》。中共中央党校教务部编：《十一届三中全会以来党和国家重要文献选编》（修订版），中共中央党校出版社，2015，第150—180页。

3．苏联社会主义制度最初建立时期的根本分歧：公有制与市场的关系

列宁领导的1917年俄国十月革命，在人类历史上首次把马恩经典作家的社会主义理论变为制度建设实践。但在如何把马克思设想的未来新社会的社会共同占有制变为实际制度，如何对待商品、货币、市场关系等问题上，其党内一开始就存在不同理解和认识。这种分歧集中体现在当时列宁与布哈林的争论中。列宁认为，应建立国有制的垄断，同时取消农村小私有的农户经济，进而取消商品市场关系。布哈林则认为：应淡化国有制，根据马克思的学说开始国家消亡的历史进程，企业一切权力归苏维埃，由工厂工人委员会掌握；农村应保留和承认农户的私有产权；与之相适应，形成市场交换关系作为向社会主义的过渡。争论的结果是列宁观点占据主导，最初建立的社会主义制度是“军事共产主义制度”。其特征在于，城市工商业全面国有化，农村经济采取粮食征集制（无偿剥夺），公民义务劳动（取消工资），取消商品交换和市场。结果导致了严重的经济混乱和衰退（1918年6月至1921年3月），列宁不得不转而采取新经济政策。新经济政策与军事共产主义的根本不同在于两个方面：一方面在所有制上，从单一的国有制改变为多种所有制经济与公有制经济的并存发展；另一方面在运行机制上，从政府统一指挥的“大工地”式的管理模式转变为引入一定的市场调节。即在所有制结构上形成包括农户经济、小商品经济和私人资本主义、国家资本主义、国有制经济等在内的混合经济；在调节机制上部分地承认市场机制作用，以粮食税取代

粮食征集制，允许农户在上缴粮食税之后在市场上出售剩余产品，允许私人企业开办并开展市场竞争，允许资本家承包国有企业，允许外资进入，要求国有企业独立核算并根据市场需求进行经营，等等。[①]随着新经济政策取得的经济恢复以及列宁逝世，作为“战略退却”的新经济政策相应结束。应当建立怎样的社会主义制度再次成为苏联面临的根本问题，党内分歧严重，特别是斯大林与布哈林的争论。布哈林主张长期实行新经济政策，坚持所有制的多元化和运用市场调节（新经济政策的实践，使布哈林改变了对夺取政权后应建立怎样制度的看法）。[②]他认为，列宁的新经济政策在包括国有制和资本主义私有制、小私有制等在内的多种所有制结构基础上恢复市场关系，不是一时之举，而应成为长期的纲领。[③]斯大林则认为，应当在公有制特别是国有制垄断的基础上，建立中央集权计划经济体制。争论的结果是“斯大林模式”的确立，[④]城市工商业由国有制垄断，农村经济实

---

① 刘伟、平新乔：《经济体制改革三论：产权论·均衡论·市场论》，北京大学出版社，1990。彭进清、彭大成：《从“军事共产主义”到新经济政策：列宁关于社会主义探索的重大转变》，《湖南师范大学社会科学学报》2013年第4期。

② 布哈林批判了苏联经济学家普列奥布拉任斯基提出的“社会主义原始积累”理论，后者主张通过超经济强制的方式解决落后国家发展重工业的资金来源，实质上是要延续“战时共产主义”政策。叶·阿·普列奥布拉任斯基：《新经济学》，纪涛、蔡恺民译，生活·读书·新知三联书店，1984。

③ 布哈林：《布哈林文选》上册，人民出版社，1981，第441页。

④ 中央集权计划经济的所谓“斯大林模式”，强调落后国家社会主义建设的起步“优先发展重工业”，以打破帝国主义列强的包围和侵略，并取得了苏联反法西斯卫国战争的伟大胜利，但同时遗留下本文提出的一系列问题。

行集体所有制，取消市场对生产的调节功能，实行中央集权的计划经济，进而把公有制与市场机制根本对立起来。①

4. 从改革实践和理论探索进程上看，真正的难题也在于公有制与市场机制的结合

南斯拉夫从1950年开始放弃基于传统国有制的中央集权计划经济体制，以所谓的“社会所有制”取代国有制，力图在新型公有制基础上兼容市场机制，实现两者的结合。但由于“社会所有制”的所有权主体缺失，企业行为扭曲难以接受市场硬约束，在这种微观经济行为变异基础上形成的宏观经济，长期严重失衡，尤其是结构刚性突出，没能实现公有制与市场的有效结合。②

匈牙利于1956年开展的“静悄悄的革命”，初衷也是企图在公有制基础上引入市场机制，在坚持国有制支配地位的同时，允许个体私营经济和个体农户的发展，对国有制工商业企业实行民主管理，给予一定的自主决策权。但只要传统国有制占垄断地位，就难以满足市场机制的基本要求，匈牙利不久重回到传统的“斯大林模式”。其间匈牙利经济理论界开展了关于公有制与市场关系的讨论，如里斯卡提出的“个人社会所有制”，主张国家以发行公债的方式把国有企业资产出售给个人，个人再委托国家有关中心统一支配，后者获得个人委托后再根据“均衡利率”将资产承包出去，选

① 斯大林：《苏联社会主义经济问题》，人民出版社，1971。

② 爱德华·卡德尔：《公有制在当代社会主义实践中的矛盾》，王森译，中国社会科学出版社，1980。Benjamin Ward，“*The Firm in Illyria: Market Syndicalism*”，American Economy Review，vol 48, No. 4，1958：566—589.

择承包者经营，在此基础上形成市场机制。但这种个人社会所有制的问题在于，个人买进后的资产权能否转让和交易，若能交易，则为非公有制性质，若不能交易，则实际上约束不了国家的支配权，仍不能根本地改变传统国有制的行为特征，与市场机制要求不符。因此到1958年，这种观点便被否定了。[①]又如科尔奈在20世纪50—70年代分析了匈牙利的经济特征，认为短缺经济失衡状态的根源，在于国有制基础上的“父爱主义”导致的“软预算约束”，使企业难以形成市场硬约束，经济难以趋向均衡，但他并未提出究竟该如何解决的方案。直到20世纪90年代，科尔奈终于主张建立资本私有制为主体的所有制结构，以形成竞争性的市场机制，并称其为“通往自由的道路”，[②]彻底否定了公有制与市场结合的可能。

波兰在战后初期按照“斯大林模式”建立经济体制，自20世纪50年代中期开始改革尝试，同样试图使公有制与市场机制兼容。根据兰格的主张，在坚持国有制的基础上，推动企业独立核算，分散决策，依靠市场竞争来自我平衡预算，进而获得公有制条件下竞争性的市场效率。但在实际上，传统国有制这一基本制度与企业依靠市场自我平衡预算之间存在重大

---

① 于潜等：《东欧经济理论：东欧著名经济学家经济改革思想介评》，中国经济出版社，1989。

② 亚诺什·科尔奈：《短缺经济学》，张晓光等译，经济科学出版社，1986。亚诺什·科尔奈：《通往自由经济之路：匈牙利社会主义制度的转向》，王健全、黄美龄译，远流出版事业股份有限公司，1994。亚诺什·科尔奈：《社会主义体制：共产主义政治经济学》，张安译，中央编译出版社，2007。

冲突。[①]后来布鲁斯的改革理论，也是从力图统一公有制和市场的结合机制开始，到质疑国有制，再到放弃公有制，直至主张在资本私有制为基础的混合经济基本制度下兼容市场。[②]

战后的捷克斯洛伐克起初也采取“斯大林模式”，自20世纪50年代末期开始探索改革（“布拉格之春”），在坚持国有制的同时强调企业工人委员会的自治权，试图在这种制度基础上引入竞争性的市场价格机制。但在传统国有制基础上同样无法形成真正竞争性的价格机制，而强调企业工人委员会的自治权与传统国有制的本质也是冲突的，在实际运行中更是难以有效率和秩序。因此在20世纪60年代后特殊的国际、国内背景下，这种努力结合公有制与市场机制的实践探索便终止了。在理论界，捷克斯洛伐克的经济改革理论家奥塔·锡克认识到，不改变传统国有制便不可能建立市场机制，但若以私有制为基础，又根本失去了社会主义性质，因而提出了所谓“中立资本”的思想。即国有企业职工对企业资产实行股份化，由持股职工选举董事会，董事会决策并聘任经理人员，但股权不可交易、不能继承。大型企业应以这种“中立资本”为主，中型企业以“中立资本”与私有资本结合，小型企业以资本私有为主，整个社会采取以“中立资本”为主的混合所有制经济，从而既区别于资本主义私有

① 奥斯卡·理沙德·兰格：《模拟市场：新型模式的第一幅草画》，载于潜等编著《东欧经济理论：东欧著名经济学家经济改革思想介评》，中国经济出版社，1989，第12—29页。

② 弗·布鲁斯：《社会主义经济的运行问题》，周亮勋等译，中国社会科学出版社，1984。弗·布鲁斯：《社会主义的所有制与政治体制》，郑秉文等译，华夏出版社，1984。

制，又可兼容市场机制。但从理论上来说，股权不可交易和继承，便难以起到对代理人的约束和对持有者的激励功能，若可交易和继承，本质上就是私有产权。伴随捷克斯洛伐克“布拉格之春”改革实践的失败，锡克的理论也被否定。①

苏联自20世纪60年代中期开始，尝试对“斯大林模式”进行分权式改革（“柯西金改革”），扩大企业自主权，改革价格机制，以市场价格信号来约束和激励企业，提高企业间的竞争性，以此实现在不改变传统国有制基础的同时获得竞争性的市场效率。但这种改革探索在理论上难以统一认识，在实践上缺乏制度保障，到60年代末就停止了。与此同时，利别尔曼等人提出了相应的改革思想，试图在理论和政策上阐释在公有制基础上引入市场机制的可能和必要，被称为“市场社会主义”理论。但随着改革实践探索的停止，“市场社会主义”理论遭到长期批判，80年代中期后批判才逐渐平息。②

显然，无论是理论还是实践，社会主义公有制与市场机制能否有效结合都是未解的难题。中东、欧洲经济转轨国家在20世纪80年代进入新的根本性改革时期，为建立市场经济机制而纷纷放弃公有制基本经济制度，回到了否定公有制与市场机制能够结合的传统思维，私有化与市场化成了改革的基本逻辑，即“华盛顿共识”所言，改革的总体逻辑被导入宏观稳定、私有化、市场化的范式。尽管西方学界对经济转

---

① 奥塔·锡克：《社会主义的计划和市场》，王锡君译，中国社会科学出版社，1982。奥塔·锡克：《第三条道路》，张斌译，人民出版社，1982年。

② 邢广程：《利别尔曼和“利别尔曼建议”》，《世界经济》1991年第9期。

轨有诸多分歧，但不论是历史和制度的演化分析，还是一般均衡分析，以及“华盛顿共识”或“新华盛顿共识”的补充、“后华盛顿共识”的反省，它们的区别只在于转轨的方式和路径，在转轨的目标上并无二致，都以资本私有化为制度前提，以市场化为目标导向，以自由化为比较标准。①

（二）中国改革对公有制与市场经济结合的创造性探索和贡献

1. 运用马克思主义基本方法分析公有制与市场经济结合的改革实践

以西方主流经济学的新古典价格理论为基础，运用一般均衡分析方法对经济转轨问题的解释，一方面在价值取向上把私有化作为基本前提，另一方面在理论分析上忽视所有制和企业产权改革的命题。我国的经济体制改革，以坚持马克思主义基本理论和方法作为主流，特别是将其运用于分析公有制与市场经济相结合的改革实践，集中体现在以下方面：一是从生产力与生产关系矛盾运动的唯物史观出发，阐释改革的历史必然性，把改革的本质归结为社会主义制度及其生产关系的自我完善和发展，改革的动因被归结为解放和发展生产力，始终以保护、解放和发展生产力作为检验改革绩效

① 简·克莱格尔、李黎力、李佳佳：《华盛顿共识脱魅》，《拉丁美洲研究》2011年第3期。斯蒂格利茨：《后华盛顿共识》，《国外社会科学文摘》1999年第1期。科勒德克：《从休克到治疗：后社会主义转轨的政治经济学》，上海远东出版社，2000。毛增余：《斯蒂格利茨对“华盛顿共识”的批判》，《经济学动态》2003年第2期。

的根本标准。二是从对生产关系的本质认识出发，从生产关系变革的意义上把握改革，把改革的实质和真正难点解释为所有制结构及实现形式的变革，尤其强调所有制结构的多元化和国有制企业改革的重要性。三是在对改革总体模式的认识上，始终把改革的历史内涵理解为两个基本方面，即作为所有制结构的基本经济制度和资源配置的运行机制，强调两者进程的内在协调，即企业所有制改革与市场价格机制培育之间的关系。①

特别需要指出的是，上述所有制与市场经济关系的政治经济学方面的分析，是在坚持马克思主义哲学和科学社会主义的基本方法及原理的基础上展开的，是将历史唯物主义和辩证唯物主义运用于政治经济学的产物。改革开放的进程伴随着深刻的思想解放和理论争辩，集中体现为三大主题：一是关于实践是检验真理的唯一标准的大讨论，从马克思主义哲学的思想路线和世界观方法论的高度，为改革创造重要的思想基础。二是关于我国社会主义初级阶段问题的大讨论，从科学社会主义的发展观出发，明确改革基本道路、基本方向的理论导向。三是关于中国社会主义经济性质的大讨论，从马克思主义政治经济学的角度，对中国特色社会主义经济制度的本质和历史特征展开深入讨论，着重分析作为基本经济制度的所有制结构与作为资源配置方式的市场机制之间的

① 厉以宁：《非均衡的中国经济》，中国大百科全书出版社，2009。吴敬琏、刘吉瑞：《论竞争性市场体制》，广东经济出版社，1998。

关系。[①]通过讨论明确了我国必须坚持以公有制为主体、多种所有制经济共同发展的社会主义初级阶段基本经济制度，在这一基本制度基础上，市场经济机制在资源配置中发挥决定性作用，同时更好地发挥政府宏观调控和微观规制的作用，坚持了社会主义市场经济改革方向，摒弃了把市场经济与社会主义初级阶段基本经济制度对立起来的错误。中国改革发展的具体历史实践进程，正是在对马克思主义哲学、科学社会主义、政治经济学的全面系统深入探索中，逐渐形成了以邓小平理论为突出代表，包括“三个代表”重要思想、科学发展观、习近平系列讲话重要精神在内的中国特色社会主义理论。中国改革开放的社会实践，就是这样在马克思主

① 关于实践是检验真理的唯一标准的大讨论，发生在1978年中共十一届三中全会召开之前，重要标志是1978年5月10日由胡耀邦创办的中共中央党校内部理论刊物《理论动态》，发表《光明日报》供稿的《实践是检验真理的唯一标准》文章。该文随后由《光明日报》以“本报特约评论员”名义发表，新华社发通稿各大报转载，关于真理标准问题的大讨论由此全面展开。（沈宝祥：《真理标准问题讨论始末》，中共中央党校出版社，2015）关于社会主义初级阶段的讨论，在1979年年底中央召开的理论工作务虚会上，有人提出中国并未进入马克思《哥达纲领批判》中所说的“共产主义第一阶段”，进而对中国是不是社会主义社会产生质疑，引发了中国是否建立了社会主义社会的争论。争论的结果是形成了“初级阶段的社会主义”共识，最早见诸1981年中共中央《关于建国以来党的若干历史问题的决议》，1982年中共十二大及十二届六中全会的决议中又多次提及，对社会主义初级阶段的系统阐释集中在1987年中共十三大报告。关于社会主义经济制度本质特征的争论，传统的认识是公有制基础上的计划经济。中共十二大报告打破社会主义与市场对立的认识传统，提出“计划经济为主、市场调节为辅”；中共十三大报告进一步强调，社会主义经济是计划经济与市场调节相结合，克服了“主辅论”的局限；中共十四大报告则明确为社会主义市场经济，打破社会主义基本制度与市场经济根本对立的传统；直到党的十八届三中全会强调处理好政府与市场的关系，使市场在资源配置中起决定性作用和更好地发挥政府作用。

义基本原理与中国具体实践紧密结合的科学理论指导下展开的。中国改革开放的发展史为丰富和发展当代中国马克思主义、不断开拓马克思主义新境界、构建中国特色社会主义政治经济学新体系，作出了基础性的贡献。

2．在所有制结构改革与市场机制培育的统一中，推进中国社会主义市场经济转轨

以社会主义市场经济为方向的改革，包含两个方面的基本命题：一方面是所有制的改革，包括所有制结构和企业产权制度的改革；另一方面是资源配置机制的改革，包括市场化和政府改革。中国的改革开放是在这两个方面基本命题的统一中推进的：既不片面强调市场化而忽略所有制和企业产权制度改革，也非脱离市场机制要求而盲目推进所有制和企业产权制度改革。

1982年，中共十二大在所有制结构上首次承认，个体经济是社会主义公有经济的有益补充（1982年12月五届全国人大五次会议修宪，在宪法上予以确认）；相应地，在资源配置方式上首次明确“计划经济为主，市场调节为辅”。这样，在所有制上打破单一纯粹公有制垄断传统的同时，资源配置机制也打破了社会主义经济与市场相对立的传统。1986年，中共十二届六中全会明确我国的所有制结构，在公有制为主体的条件下发展多种经济成分，首次承认私人经济的存在和发展是社会主义公有经济有益和必要的补充（1988年七届全国人大一次会议修宪，在宪法上予以确认）；相应地，1987年中共十三大强调，在资源配置方式上社会主义经济是有计划的商品经济，计划经济与市场调节相结合，计划与市

场都是覆盖全社会的机制（不分主辅），较中共十二大“计划经济为主、市场调节为辅”前进了一大步。1992年，中共十四大首次在所有制结构上明确，非公有制经济是我国社会主义国民经济的重要组成部分，公有制为主体，个体、私营、外资等为补充，多种经济成分长期共同发展，不同经济成分可以自愿联营为混合所有制；相应地，在资源配置方式上首次明确中国社会主义经济改革的目标是建立社会主义市场经济体制（1993年八届全国人大一次会议修宪，在宪法上予以确认），首次把社会主义与市场经济作为统一整体提出。1997年，中共十五大进一步将“公有制为主体、多种所有制经济共同发展”明确为整个社会主义初级阶段的基本经济制度（1999年九届全国人大二次会议修宪，在宪法上予以确认），经济改革的根本任务在于将这种基本经济制度与市场经济统一起来。2002年，中共十六大在所有制问题上首次明确提出“两个毫不动摇”，即“毫不动摇地巩固和发展公有制，毫不动摇地鼓励、支持、引导非公经济发展”。2004年，十届全国人大二次会议修宪，首次在宪法上明确生产资料所有制（不仅是消费资料）的私有制同公有制同样不受侵犯。2007年，十届全国人大五次会议通过《中华人民共和国物权法》，将宪法中的保护私人财产权进一步具体化；相应地，在资源配置方式上进一步全面推动社会主义市场机制的培育。2012年中共十八大以来，特别是中共十八届三中全会，在1984年秋中共十二届三中全会上作出开展经济体制改革决定近30年之后，再次作出全面深化社会主义市场经济体制改革的决定。决定在所有制结构上重申坚持公有制为主体、多种所有制经济共同发展的长期性，同时强调不同所有制之间发展混合所有制经济的重要性；相应地，在资源配置方式上进一步提出深化社会主义市场经济机制培育，强调处理好政府与市场的关系，使市场在资源配置中起决定性作用和更好地发挥政府作用。总之，以所有制结构改革与市场机制培育作为相辅相成的统一命题，既是生产关系与生产力矛盾运动的内在要求，也是中国改革实践的基本逻辑。

3. 在企业产权制度改革与市场价格决定制度改革的统一中，构建社会主义市场经济的内在竞争机制

市场经济的内在竞争机制（或称“内在竞争秩序”），主要包括两个方面的历史内容：一是市场经济的主体秩序，即界定谁能进入市场并成为市场竞争中的行为主体的规则，其核心是企业产权制度，回答的是谁在竞争。二是市场经济的交易秩序，即界定怎样决定交易条件的规则，其核心是价格决定制度，回答的是怎样竞争。“谁在竞争——企业产权制度”与“怎样竞争——价格决定制度”，这两个方面的制度安排构成了市场经济内在竞争机制的核心。作为传统计划经济国家，在转型的起点上，既不存在与市场经济要求相适应的现代市场经济中的企业主体制度，也不具有竞争性的市场交易机制。这种转轨起点的历史特殊性，使得计划经济向市场经济的转型不能不同时构建企业产权制度（主体秩序）和市场价格决定制度（交易秩序），从而产生了如何协调企业产权制度改革与价格决定制度改革的特殊命题。

这两种改革思路分歧[1]的背后，在理论基础上体现着制度演化理论与古典竞争市场理论的区别，在分析方法上体现着非均衡分析（强调培育制度上实现均衡的可能性）与一般均衡分析（重点论述实现均衡的必要性）的不同，在强调的重点上体现着对市场主体和市场价格决定制度重视的差异，在考察的领域上体现着供给分析（企业产权）与需求分析（价格决定制度）的侧重，在分析改革可能发生的风险上也体现了完全不同的认识。主张企业所有制改革优先的观点认为，价格改革先行难以试点、风险大，价格改革的失败会导致经济改革的失败，但经济改革的成功其实并不取决于价格改革。主张竞争性市场价格机制改革优先的观点认为，价格改革先行的优势恰在于不能倒退，其风险虽大但可控。关于改革所需要的宏观经济环境，两者的态度也截然不同。主张价格改革优先的观点要求，必须先管住货币，控制总需求，抑制通胀，在供求矛盾相对缓解、短缺经济相对抑制的宏观环境下，再推动企业等多方面改革，否则，会加剧供给不足的矛盾，刺激低效率产业扩张。主张企业所有制改革优先的观点则认为，供求趋缓意味着趋向均衡，若真能如此就不需要改革了。实际上，如果不存在真正的企业制度，就不具备实现均衡的可能性。所以改革只能在非均衡状态下推进，并以企业改革来提升经济趋向均衡的可能性。而在短缺经济环

① 参见上述厉以宁和吴敬琏、刘吉瑞两书的论述。中国许多有影响的学者，如于光远、董辅礽、王珏、刘国光等都发表了不同的深刻意见。类似的争论在苏联改革初期也遇到过：企业改革与价格改革如何协调："第一颗纽扣扣错了，其余的纽扣就都扣错了"（纽扣效应）。

境下，若全面推动价格改革，极可能形成严重的通货膨胀，导致通胀预期提升，发生抢购，把在长期短缺经济下积累起来的强制储蓄（需求）全部吸纳，形成需求疲软的市场宏观环境，导致经济停滞，出现“滞胀”。

实际上，在既无现代企业制度，又无竞争性的市场价格决定制度的条件下，经济转轨只能在企业产权主体制度和市场价格交易制度改革的统一进程中进行。企业产权制度改革是市场价格决定制度改革的制度基础，没有产权主体的制度演变，便不可能生成价格决定制度的变化。毕竟是交易主体决定交易条件，“谁在交易”规定“怎样交易”，有怎样的主体秩序才可能有怎样的交易秩序。同时，价格决定制度又是企业产权制度的运动形式，没有市场竞争性的价格机制，便不可能形成企业产权实现方式或产权行为的市场运动。交易是市场条件下企业产权实现其经济利益要求的基本途径，有交易机制才可能有现代企业产权制度的实现。

4．在解放和发展生产力的迫切性与经济改革可行性的统一中，推动公有制与市场机制的结合

所谓可行性主要是指阻力相对小，难度相对低；所谓必要性主要是指生产力发展要求迫切，相应的变革带来的发展效果显著。这种可能性与必要性的兼顾，不仅是出于推动改革之可行性的历史需要，更重要的在于，客观地认识和把握中国经济改革的生产力起点和生产关系起点的历史特征，以及改革的发展目标和体制目标相统一的根本要求，尤其是明确一切改革都不能以破坏生产力发展为代价，只能以解放和推动生产力发展为出发点。这种可能性与必要性的历史统

一，集中体现在以下几个方面。

一是在二元经济背景下，经济体制改革的全面展开是从农村经济逐渐转向城市经济的。中国农村经济体制改革，特别是以农村家庭联产承包责任制为核心的改革，在整个经济改革中率先突破。其根本原因在于，中国农村经济发展水平落后，传统计划经济体制和长期牺牲农业、优先发展重工业的发展战略，使农村经济的发展受到破坏和严重束缚，整个国民经济结构也因此严重失衡，农业劳动生产率极为低下，农业就业劳动力比例高达70%以上（世界贫困国家水平），长期未能真正解决温饱问题，因而农村生产力发展和解放的要求更为迫切，对变革传统生产关系的要求也更为强烈。中国新时期的改革自然率先在生产力发展对改革要求最为强烈的农村全面展开，并且体现出两个极为显著的特点。①在改革推进和发动方式上，在很大程度上来自农民群众自发地创造，家庭联产承包责任制本身就是农民的创造，在尊重和承认农民群众首创精神和实践的基础上，中共中央予以方向性的引导和支持，而不是自上而下的行政性推动。②在改革选择的目标上，着力推动以土地家庭承包为核心的生产资料所有制实现形式的改革，确立了农村集体经济以家庭承包经营为基础、统分结合的双层经营体制。这是生产资料产权制度实现形式的根本性变革，而不是一般分配关系和利益格局的简单调整。

二是在企业改革与政府改革孰为重点的选择上，从企业改革逐渐转向政府改革。如何处理好政府与市场的关系，成为其中重要的问题。中国计划经济体制的建立，在相当大的程度上参照“斯大林模式”，但又有很大的不同。重要的区别在于：传统的“斯大林模式”更强调计划的中央集权，地方政府并无多少权力空间，贯彻的是“条条管理”；中国的计划经济体制在中央集中管理的同时，给地方政府留有较大的权力空间，贯彻的是“条块结合”。在改革开放之前的历次体制调整中，集中处理的均是“条块”矛盾，即中央与地方政府间的关系，而不涉及企业。与前30年不同，改革伊始便明确以企业（国有）改革为核心，从而使改革的深度及广度因对象的变化而有了根本性进展。社会主义市场经济体制培育的历史过程，在一定意义上可视为企业、市场、政府三者关系的转轨过程。基础首先在于企业制度的改革，尤其是如何建立现代企业管理制度以适应市场经济的基本要求。伴随企业改革的进程和要求，继而推动市场体系的健全和市场秩序的培育，使企业之间实现横向的市场经济联系，社会再生产总体运动所必要的、有效竞争性市场机制因而得以逐渐发育和完善。一旦企业管理制度和价格决定制度的转型逐渐深化，与之相适应的政府转型和政府体制改革，便越来越成为矛盾的主要方面。企业和市场的体制改革越深入，对政府职能转变和政府体制改革的要求则越迫切和深刻。这是制度变迁的内在要求，也是我国社会主义市场经济体制转轨的历史逻辑。从企业改革到市场体制培育再到政府改革，虽然都是极为复杂的社会工程，但相对而言，其艰难程度和遇到的阻力及矛盾是逐层递进的。资源配置通常以企业制度作为要素配置的基础性制度，由企业制度进行生产要素组合。企业制度包容不了的、更为复杂的交换和要素配置，需要运用市场制度来进行，市场制度是企业之间的联系方式。市场制度处理不了的，尤其是当转轨经济存在严重的市场失灵领域和方面（外在性）时，就特别需要政府制度的干预。与这种困难程度的递进相适应，企业、市场、政府体制改革面临的风险也是逐层递进的。企业改革可以试点，其风险尚可局部地控制，且可倒退或适时关闭某些改革窗口。市场价格竞争制度的改革难以试点，一旦推进便只能全面改革，且不可倒退，改革窗口一经打开便难以关闭，风险自然也就更大。政府体制改革不仅更具宏观性和全局性，而且涉及社会经济、政治、文化等多方面，风险更为系统和巨大。而政府体制改革的推动主体往往又是政府本身，其难度更大。以企业管理制度改革为基础，推动市场价格决定制度改革，基于两者的统一，在市场内在竞争机制培育的历史进程中，推动政府体制改革，构成转轨进程的历史可能和客观需要的统一。

三是在企业改革的进程中，改革的主要举措从收入分配改革逐渐转向企业产权改革。尽管从一般意义上说，企业产权包括关于企业资产各个方面的权利束，但严格地说，分配方面的权利与企业所有制排他性的占有制度还是有区别的。中国城市经济改革是以企业（国有）改革为核心启动的，但在改革的相当长的一段时期内，主要改革措施集中在分配关系上，而不是集中在所有制及企业产权结构上，从而与农村经济改革形成鲜明对照。农村家庭承包经营责任制，是对基本生产资料耕地的产权制度改革，而不是一般的分配关系变革。农民在承诺履行上缴国家和集体一定的收益后，获得土地的承包经营权，土地终极所有权的性质仍是集体所有，但支配权、经营权、管理权和相应的也是最重要的剩余索取权（当然也就形成与之相适应的风险承担责任）归农民。农民的这一产权，在2002年全国人大通过的《中华人民共和国农村土地承包法》中，获得了法律的制度确认。城市经济改革中的企业改革则不然，改革在相当长的一段时间内围绕政府、企业、职工三者收入分配关系展开，如从初期的允许企业利润留成，到利改税，再到企业承包制，都是分配关系的调整。直到1992年的中共十四大提出社会主义市场经济体制的改革目标后，特别是中共十四届三中全会提出建立与社会主义市场经济相适应的现代企业管理制度的历史任务之后，沿着“抓大放小”的基本思路，国有企业改革的重点方从一般的利益分配关系，特别是企业收入与政府财政收入目标相互关系的调整，转向企业所有制及产权结构的改革。一般竞争性的中小国有企业实行各种非国有化改造（“放小”），大型和特大型国有企业则以股份制为基本形式，努力按照“产权清晰、责任明确、政企分离、管理科学”原则，进行现代企业管理制度改造。

四是在市场价格机制的培育中，首先着力构建商品市场体系，然后逐渐向要素市场化推进。以商品市场化倒逼要素市场化，以要素市场化推进所有制和产权制度改革。市场化的关键在于，交易条件决定市场化，即由市场竞争来确定价格（实现交易的基本经济条件）。到21世纪初，中国的商品市场化基本实现，无论是消费品还是投资品，绝大部分（90%以上）均由市场定价（市场价格），基本实现了从计划价格向市场价格的转变。相对而言，要素市场化滞后于商品市场化。就商品市场化与要素市场化的相互关系而言：一方面，商品市场化相对更为简单明确，也更易于先行全面推动；要素市场化虽然更具根本性，但更为复杂、艰难。另一方面，商品市场化的实施对要素市场化会形成倒逼机制，商品是投入各种要素生产的结果，作为结果的商品运动实现了市场化，势必推动其形成条件（要素）的市场化。要素的市场化即生产要素交易条件（价格）由市场竞争决定，需要创造的制度基础在于，企业产权制度必须适应市场机制的要求。交易条件的决定本质上是交易主体的利益实现要求，竞争性市场要素价格的决定，本质上是市场竞争主体产权的运动形式。因此，要素市场化的展开和深入，既是市场化的深入，更是所有制和企业产权制度改革的深入。[①]

（三）混合所有制经济的国有企业改革

中国特色社会主义市场经济是建立在公有制为主体、多种所有制经济共同发展的基本经济制度上的市场经济。两者的结合来自两个方面的相互作用：一方面，市场经济价值规律决定的商品经济一般规则和普遍性，对作为我国基本经济制度的所有制结构及企业产权制度，提出了不同于传统体制的要求；另一方面，社会主义初级阶段基本经济制度又赋予了市场经济运行本身新的历史特征。积极发展国有经济、集体经济、非公资本等相互交叉、相互融合的混合所有制经济，是中共十八届三中全会特别强调的全面深化经济改革中

① 刘伟、方敏：《中国经济改革历史进程的政治经济学分析》，《政治经济学评论》2016年第2期。

的重要命题，也是国有制企业深化改革的新形式。国有企业如何改革，使之既不失其公有制性质，又能在总体上满足市场竞争的基本要求，是社会主义公有制与市场经济结合的关键问题。①

1．混合所有制改革的发展性目标

必须首先明确国有企业进一步进行混合所有制经济改造的发展目标，否则，改革必然具有盲目性，改革的范围、进程也无从选择。生产关系的所有变革，在根本上都是为了适应社会生产力发展的要求。既然全社会在所有制结构上实现公有制为主体、多种所有制经济共同发展的混合经济，其根本目的是解放和发展现阶段我国的生产力，那么，国有企业个体在产权结构上进行混合所有制经济改造，其目的就在于提高企业的竞争力和效率及其创新能力和发展能力。只有适应或需要追求新目标的国有企业，才应当被纳入混合所有制经济改造的范围。

严格地说，国有企业的发展目标所追求的效率是国民福利最大化。从总体上看，若以市场盈利的厂商收益最大化作为衡量标准，则国有企业的这种微观效率显然低于非国有企业。之所以举办国有企业，首要目标并非一般的市场盈利目标，而是从国家总体利益目标出发，通过建设国有企业来实现更加广泛的社会发展目标和宏观经济目标等。因此，不能

① 企业在产权构造上进行混合所有制改革，最初是中共十三大政治报告提出的，中共十四大直至十八大的历次政治报告，不断深化对混合所有制的认识。特别是中共十八届三中全会关于全面深化改革的决定，对发展混合所有制企业的重要性、迫切性、实施路径及基本方式等作出了系统性的阐释。

简单地说国有企业必然是低效率的，只能说要看以怎样的“效率”来衡量。出自资本更大程度地追求市场盈利效率的任性，不断地掀起了世界范围非国有化（私有化）的浪潮。进入21世纪以来，不仅转轨国家，还有许多发达国家和发展中国家都不断加大非国有化的力度。自20世纪末以来，国有企业增加值占全球国内生产总值的比重处于下降趋势。[①]但不可否认的事实是，国有企业在当代的生存力仍然旺盛。也就是说，国有企业不仅在我国且在世界范围内直到现今的存续及发展，说明国有企业的存在有其客观历史必然性，反映了世界历史进程对生产社会化和生产资料资本主义占有这一资本主义生产方式基本矛盾消极与积极的扬弃。不同于市场竞争性一般私人企业，社会主义国有企业的特殊性在于，它们能够更直接、更充分地体现国家以人民为中心的总体和长远的社会利益要求，只要社会主义国家存在，社会主义国有企业就必须存在。举办国有企业的首要目的，并非市场收益最大化，衡量国有企业的效率标准自然也就不能唯市场竞争性效率准则论，而应有更广泛的社会标准。这在公益类领域尤其如此。此外，某些领域（或者在一定历史阶段上）的特点，决定其投资回报率及整个产业的商业盈利能力普遍较弱，因而私人资本普遍不愿进入，但社会长远发展和国家总体战略目标又需要发展这些领域，以国有企业方式的进入就成为不可或缺的选择。这种情况下发生的国有企业盈利效率低，有其客观性，或者说，正是因为这些领域竞争性效率

① 朱安东：《破除国有企业低效论：来自混合经济体的证据》，《政治经济学评论》2014年第4期。

“天然”就低，国有企业才进入并承担起社会发展的责任。因此需要清晰区分，即使就市场竞争微观效率标准看，国有企业总体效率低，究竟是因为它进入的领域“天然”盈利能力低，还是因为国有企业的进入导致了这一领域（或国有企业进入的经济范围）市场效率低。总之，不能简单地以企业市场竞争的微观指标衡量国有企业的效率。

我国现阶段对国有企业特别是大型和特大型企业进行混合所有制经济改革，目的显然是提高其市场竞争性效率，适应社会主义市场经济的竞争要求，这集中地体现在商业类领域。否则，独资或绝对控股的国有企业，在制度上更能保证实现国有企业服务社会发展和体现国家总体利益要求的功能。并非所有国有企业都须进行混合所有制改革。根据社会经济发展的要求，能够首先保障国家总体（包括政治、经济、社会、文化、国际、安全等）目标实现的，独资或绝对控股的国有企业也必须做强做优做大。尽管单纯国有制的企业在制度上难以实现市场竞争性效率最大化的目标，但这并非意味着，只要实现了企业混合所有制的经济改革，这类企业就必然能保证充分实现市场竞争性的盈利目标。国有企业混合所有制经济改革，只是在企业所有制结构上为企业适应市场竞争创造必要的基础。

重要的是，混合所有制改革如何在垄断与竞争领域进行选择？原则上，在竞争性或并非自然垄断性质的领域，可以考虑进行混合所有制经济改革，无论企业本身规模的大小，只要所处的领域是竞争性的，其中的国有企业便可以考虑进行混合所有制改革及非国有化改造。因为国有制企业在制度上的确不能，也不应首先接受市场规则的硬约束，而应以接受国家要求和政府约束为首要条件，否则便不成其为国有制企业。况且，有些看起来是垄断行业，但却并非属于“天然”垄断，而是制度性、政策性形成的垄断，这种垄断恰恰是需要被限制和打破的。在企业制度上进行混合所有制改革，正是打破这种垄断的根本举措。即使在“天然”垄断领域继续采取国有企业垄断的形式，也须建立相应的“规制”以规范约束其垄断行为，并权衡企业利益与国家利益的得失。特别是我国现阶段人们普遍关注的金融、石油、电力、铁路、电信、资源开发、公用事业等七大领域，大型和特大型国有企业分布最为集中，不乏处于垄断状态的。这些领域中的国有垄断性企业，要不要进行混合所有制经济改革？其根本在于科学地区分和明确这些领域中，到底哪些属于自然垄断性质，哪些具有竞争性，进而厘清哪些以竞争性的市场利润最大化为企业的首要目标，哪些必须以社会长远发展和国家总体利益要求为首要目标，哪些以经济效率特别是微观的资源配置效率为根本，哪些必须以更广泛的社会目标包括国家安全等一系列非经济目标为根本。

2．混合所有制改革的体制性目标

国有企业进行混合所有制改革的体制目标，与发展目标应是统一的。如果作为混合所有制企业的发展目标是提高市场竞争力，以实现市场竞争性收入最大化，而不再是传统的国有企业目标，那么，进行改革的体制目标就在于，使企业在制度和机制上能够适应市场竞争的要求，满足市场经济竞争规则对于企业管理制度，尤其是企业所有制的基本要求。

第一，要求企业在所有制及相应的企业产权制度上，必须具有纯粹的经济性质，而非超经济强制性质。传统国有企业之所以不适应市场竞争，根本原因在于其所有制及相应的企业产权具有超经济强制性，不能也不应接受市场规则约束。对于归入进行混合所有制改革的国有企业，使之能够首先接受市场硬约束，必须在产权制度上摆脱超经济强制性。

严格意义上的国有制企业，不可能也不应当实行政企分离，政企合一产权制度的基础在于企业所有制性质的国家占有。政企分离本质上要求政资分离，转为非国有制，但政企不分必然导致企业首先接受行政规则而非市场约束。通过对传统国有制企业进行混合所有制改革，或许可以为推动国有企业政企适度分离创造制度基础。但如何通过混合所有制改造使企业实现政企分离，真正接受市场硬约束，同时又能体现公有制企业的性质，这不啻是改革的一大难题。进一步来说，如果在资本主义私有制社会，国有企业实现政企分离，只要国家将所持企业股权卖出，政资便自然分离。而我国则不然，除通过所有权的部分转移以组建混合所有制外，还需要处理企业中的党企关系。我国的政体不是多党执政体制，中国共产党是唯一的执政党，国有企业作为国家经济的重要微观基础，应充分体现党的一元化领导。在国有企业的混合所有制改革中，如何既体现政资分离进而实现政企分离，又在企业治理结构中体现党的领导，进而实现党委、董事会、经理层之间的有效治理，这些都是中国特色社会主义市场经济改革面临的崭新课题。

第二，市场经济要求企业之间的产权界区即所有制的排他性必须严格，否则就不可能有彼此让渡生产要素所有权的市场交易活动和交易机制。产权界区越清晰，交易越畅通，市场机制越有效。如何在国有企业的混合所有制改造过程中，使之与其他主体之间具有清晰的产权排他性和交易界区，从而充分有效地运用市场机制实现交易活动，同时又使之不失公有制性质，这才是真正的困难所在。如果国企改革采取的混合所有制形式，所构成的本质上是资本私有制企业，并以此作为微观基础适应市场机制运行，那就不是社会主义市场经济的制度创新，而是复制早已有之的资本主义历史事实。

第三，在混合所有制企业内部的不同产权和要素所有者之间，组合为同一企业的过程本身，本质上也是市场交易的一种形式。所谓企业制度不过是市场制度的特定形式。因此，混合所有制企业要适应市场竞争机制的要求，其内部的产权结构必须严格界定。企业内部不同要素所有者的权、责、利边界必须清晰，同时必须具有相互制约的均衡性，即公司治理结构的合理性。公司治理本质上是产权合理构造的均衡过程。国企混合所有制下所有者的终极所有权、企业法人产权（董事会对公司全部资产的支配权）、公司经营管理权，以及企业员工的权益等各个方面的关系如何均衡，是构建混合所有制企业必须解决的大问题。中国共产党对国有企业包括其中进行混合所有制改革企业的一元化领导，坚持全心全意依靠工人阶级的根本方针，这是中国特色社会主义市场经济中的国有企业治理结构的突出特点和优势。我们有条件比当代资本主义经济更有效地处理好公司治理结构、委托代理制的约束和激励问题，建立发展中国特色社会主义市场经济下的国有企业治理机制。

在实行混合所有制经济的国企治理结构中，须从产权制度及其法律制度上明确以下原则：一是不同要素所有者之间组合的自愿原则；二是不同所有者之间的权利平等原则；三是不同所有者退出的自由原则；四是不同要素所有者的信息对等分享原则；五是不同要素所有者利益分配的公正原则。如若不然，在混合所有制企业制度下，相应的企业产权权能会发生分解。企业产权制度治理结构的失衡，不仅难以保证产权制度性分工带来的效率提升，而且会产生严重的侵权行为。正如马克思分析资本主义股份制度时所说，它的最大问题在于，使一部分人获得了拿他人或社会的资产冒险而又不负责任的权利。[①]在我国现阶段的国有企业混合所有制改造中，要找到一种途径，使承担责任最大的产权主体真正拥有相应的最大决策权，使承担风险最大的产权主体真正拥有最大的剩余索取权。在资本主义几百年发展史中，企业产权治理结构的完善至今仍是有待解决的难题。如何依托社会主义公有制为主体、多种所有制共同发展的基本经济制度，构建企业产权治理结构，更是一个崭新的却完全有条件解决及完成得更好的历史使命。[②]

总之，中国特色社会主义的发展，始终坚持社会主义市

① 中共中央马克思恩格斯列宁斯大林著作编译局：《马克思恩格斯全集》第46卷，人民出版社，2003，第198页。

② 刘伟：《发展混合所有制经济是建设社会主义市场经济的根本性制度创新》，《经济理论与经济管理》2015年第1期。

场经济改革的基本方向，努力探索公有制为主体、多种所有制经济共同发展的基本经济制度，与市场竞争起决定性作用的资源配置机制之间的有机结合，以中国生产力获得持续高速增长的奇迹，证明着人民社会实践所选择的道路和制度的科学性。在30多年改革发展实践的基础上不断升华，从改革开放初期写出一部政治经济学的初稿，到不断开拓当代马克思主义政治经济学的新境界，以及中国特色社会主义政治经济学的系统化，极大地支撑着中国特色社会主义事业的发展。中国波澜壮阔的经济改革，实现了对社会主义政治经济学根本性难题的突破。改革开放社会实践的深入，特别是中国经济进入新常态以来，不断涌现的许多新问题以及提出的新发展理念指导思想，迫切呼吁马克思主义政治经济学的分析。尤为关键的是，它们对社会主义市场经济制度、初级阶段基本经济制度与市场机制结合的统一性和协调性，提出了更为深刻的要求。

二　中国经济增长中的产业结构变迁和技术进步[①]

刘伟　张辉

摘要：本文将技术进步和产业结构变迁从要素生产率中分解出来，实证度量了产业结构变迁对中国经济增长的贡献，并将其与技术进步的贡献相比较。实证研究表明，在改革开放以来的三十年中，虽然产业结构变迁对中国经济增长的贡献一度十分显著，但是随着市场化程度的提高，产业结构变迁对经济增长的贡献呈现不断降低的趋势，逐渐让位于技术进步，即产业结构变迁所体现的市场化的力量将逐步让位于技术进步的力量。此外，研究也发现，结构变迁效应的减弱并不表明市场化改革的收益将会消失，某些发展和体制的因素仍然阻碍着资源配置效率进一步提高，从这个层面看，我国完善市场机制的工作仍然任重而道远。

关键词：产业结构变迁　技术进步　经济增长

改革开放以来，中国经济已经保持了30年9%以上的持

---

① 本文发表于《经济研究》2008年第11期。刘伟，北京大学经济学院，邮政编码：100871，电子邮箱：jjxy@pku.edu.cn。张辉，北京大学经济学院，邮政编码：100871，电子邮箱：nk94zhang@pku.edu.cn。基金项目：北京市哲学社会科学“十一五”规划重点项目“中国都市经济研究报告2008”。项目编号：08AbJG228。感谢黄泽华博士在本文写作中所给予的修改建议，感谢匿名审稿人的评审意见。文责自负。

续增长，那么未来中国经济能否保持这一持续高速增长趋势以及这一趋势还能持续多久就值得我们深刻探讨了。克鲁格曼（1994年）在他的著名文章《亚洲奇迹的神话》（*The Myth of Asia's Miracle*）中就指出，大部分东亚国家和地区的经济增长主要依靠要素投入的增加，技术进步没有发挥显著作用。因此，他认为东亚经济的增长是不可持续的。克鲁格曼的观点引起了学术界的热烈讨论，国内外众多学者用他的观点来引证1997年亚洲金融危机的必然性，并认为东亚经济需要调整增长路径，通过提高要素生产率来推动经济增长。具体而言，他们认为，在新古典经济学的视角下，一个国家的长期经济增长可以归结为两个方面：一是要素投入的增加；二是要素生产率[①]——劳动生产率或全要素生产率的提高。单纯依靠要素投入扩张的经济增长以粗放式地消耗要素和资源为代价，从长期来看是不可持续的，只有提高全要素生产率才能保证经济增长的可持续性。从本文研究结果来看，克鲁格曼（1994年）所指出的不可持续的东亚增长模式与我国1998年之前经济增长模式是比较相似的，不过1998年之后我国经济增长模式已经越来越体现出了其自身的可持续性。

当然很多学者也认为全要素生产率并不等于技术进步，它只是核算中的残差，用全要素生产率代表技术进步是一个相当大的误解。更重要的是，对于中国这样的发展中国家而言，在改革和发展的最初阶段，纯粹的技术进步对经济增长

① 经济学中，早期人们主要研究单要素生产率，即劳动生产率，后期则主要关注全要素生产率。

的贡献可能要逊于市场化改革所带来的产业结构变迁对经济增长的贡献。随着市场化改革的推进，改革所带来的收益可能会逐步减少，而技术进步对经济增长的作用则会慢慢突显出来。本文正是致力于论证上面这些假设。

本文试图将技术进步和产业结构变迁从要素生产率（劳动生产率和全要素生产率）中分解出来，对产业结构变迁和技术进步对经济增长的推动作用进行横向和纵向的对比分析。通过这样的分析，本文希望研究这样一些问题：改革开放三十年以来，产业结构变迁对中国经济增长的推动作用究竟有多大？与技术进步等其他因素对经济增长的影响相比，这种推动作用占据多大的份额？或者说，是市场化改革的推动作用大，还是技术进步的推动作用大？产业结构变迁对经济推动作用的波动趋势是怎样的？能否作出预测，中国未来的经济增长更多的是要依靠更深入的市场化改革还是依靠技术进步来推动？

（一）中国（1978—2006年）产业结构变迁对劳动生产率增长的贡献

1．劳动生产率分解式

本文将使用“转换份额分析”（Shift-Share Analysis）的方法，把结构变迁效应从劳动生产率增长中分解出来。最近将这一方法应用于新兴工业经济和转型经济的结构变迁效应的研究主要有Fagerberg（2000年）、Timmer（2000年）和Peneder（2003年）等。

令经济总体的劳动生产率为LP^t，其中LP^t_i是指各个产业部门的劳动生产率，上标t表示时期，下标i表示不同的产业部门，i=1，2，3，分别代表第一产业、第二产业和第三产业，LP^t_i表示产业i的t期的劳动生产率，是t期产业i的劳动所占份额。

总体劳动生产率可以表示成：

$$LP^t=\frac{Y^t}{L^t}=\sum_{i=1}^{n}\frac{Y_i^t L_i^t}{L_i^t L^t}=\sum_{i=1}^{n}LP_i^t S_i^t \qquad (1)$$

根据式（1），可以推知t期的总体劳动生产率相对于0期的增长率为：

$$\frac{LP^t-LP^0}{LP^0}=$$

$$\frac{\sum_{i=1}^{n}(S_i^t-S_i^0)LP_i^0+\sum_{i=1}^{n}(LP_i^t-LP_i^0)(S_i^t-S_i^0)+\sum_{i=1}^{n}(LP_i^t-LP_i^0)S_i^0}{LP^0} \qquad (2)$$

把式（2）分解成如下三项。

Ⅰ：式（2）右边第一项被称为静态结构变迁效应，它度量的是劳动要素从劳动生产率较低的产业流向劳动生产率较高的产业所引起的总体劳动生产率的净提升。若劳动要素流向相对劳动生产率较高的产业i，则该产业在t期内的份额变化值大于0，我们对其赋予的权重也较大，因此产业i的静态结构变迁效应较大。

Ⅱ：式（2）右边第二项被称为动态结构变迁效应，它和第一项有所不同，它表现了劳动要素移动引起的动态效应，度量的是从劳动生产率增长较慢的产业流向劳动生产率增长较快的产业所引起的总体劳动生产率的净提升。若劳动要素流向劳动生产率较高的产业i，则该产业在t期内的份额变化值大于0，我们对其赋予的权重也较大，因此产业的动态结构变迁效应也较大。

Ⅲ：式（2）右边第三项被称为生产率增长效应，它是由各个产业内部的技术效率变化和技术进步等因素导致的各个产业内劳动生产率的增长。

2．结构变迁效应的计算

我们根据式（2）计算出我国经济总体和三次产业的静态结构变迁效应、动态结构变迁效应和生产率增长效应（见表1）。

表1　应用转换份额分析的结构变迁效应矩阵

1978—2006年	列加总		Ⅰ 静态结构变迁效应	Ⅱ 动态结构变迁效应	Ⅲ 产业内增长效应
行加总	4.98	=	0.50	1.42	3.06
			=	=	=
第一次产业	0.42		−0.11	−0.35	0.88
第二次产业	2.45		0.22	0.70	1.53
第三次产业	2.11		0.39	1.07	0.65

表1中的数值只具有相对意义，我们将表1换算成百分比形式（分母都是总体的劳动生产率增长率），就更易于理解了（见表2）。

表2　应用转换份额分析的结构变迁效应矩阵（百分比形式）[①]

1978—2006年	列加总		Ⅰ 静态结构变迁效应	Ⅱ 动态结构变迁效应	Ⅲ 产业内增长效应
行加总	100	=	10.0（*e*1）	28.5（*e*2）	61.5（*e*3）
			=	=	=
第一次产业	8.5（*p*1）		−2.2（*x*11）	−7.0（*x*12）	17.7（*x*13）
第二次产业	49.1（*p*2）		4.4（*x*21）	14.0（*x*22）	30.7（*x*23）
第三次产业	42.4（*p*3）		7.8（*x*31）	21.5（*x*32）	13.1（*x*33）

结论是显而易见的，从表2中可以看到，结构变迁效应之和在劳动生产率增长率中占到38.5%，但分别从三次产业看，则又各不相同。

第一产业的结构变迁效应是负值，因为农村劳动力不断从农业部门迁移出来，劳动份额呈现负向变化。不过，与结构变迁效应相比，第一产业的生产率增长效应更显著（$x13>|x11+x12|$），即第一产业的劳动份额下降1%，而导致整体经济的劳动生产率的增长大于1%。这说明第一产业内部制度变革和技术进步共同推动了劳动生产率的提升。

第二产业的结构变迁效应是正值，但低于第二产业生产率增长效应（$x23>x21+x22$），这说明第二产业的劳动生产率增长更大程度上取决于产业内技术效率变化和技术进步等因素，而不是产业间要素优化配置。换句话说，对于第二产

① 数值后括号内的变量是用以指代该数值的矩阵变量。

业而言，产业内的技术效率变化、技术进步导致的劳动生产率的增长大于因为结构变迁导致资源配置效率提高而引起的劳动生产率的提升。

第三次产业的结构变迁效应最显著。因为，第三次产业吸纳了大量从农村和农业流出的剩余劳动力，从1978年约0.5亿的就业人口增加到2006年约2.5亿的就业人口，劳动人口份额也从12%上升到32%。农村剩余劳动力从劳动生产率较低、人均产值较低的农业部门流向城市中的第三次产业，这种劳动力产业间的迁移极大地解放了生产力。相对于剩余劳动力滞留于农村而言，农村剩余劳动力与第三产业的结合极大地提升和优化了我国资源配置效率，农村剩余劳动力劳动生产率的提高也连锁地引起了经济总体劳动生产率的提升。从第三产业的三种效应的横向对比来看，生产率增长效应低于结构变迁效应，这表明在28年（1978—2006年）的改革开放历程中，第三产业劳动生产率增长主要依赖于结构变迁效应导致的资源配置效率的提高，而不是依靠各产业的技术效率变化和技术进步。

3. 结构变迁效应的贡献率①及其趋势

为了分析结构变迁效应的贡献率，需要平滑结构变迁效应的波动，我们使用的方法是将1978—2006年分割成1978—1985年、1985—1988年、1988—1991年、1991—1998年、

① 我们把贡献率定义为，当结构变迁效应和劳动生产率都为正数时，结构变迁效应占劳动生产率增长率的比例。当结构变迁效应为负值时，或与劳动生产率增长率正负号相反的时候，结构变迁效应的数值与劳动生产率增长率之比则成为没有意义的数字。当结构变迁效应为显著的负值时，我们假定结构变迁效应的贡献率为零。

1998—2002年、2002—2006年等六个时段，[①]这些时段表示若干个经济波动周期，本文在每一个经济波动周期内计算结构变迁效应的贡献率。在经济波动周期之内计算结构变迁效应平滑了结构变迁效应的波动性，使得结构变迁效应的贡献率可以被度量。我们不仅计算了经济总体的结构变迁效应的贡献率，还分别计算了第一产业、第二产业和第三产业结构变迁效应的贡献率。

首先，经济总体和第一产业的结构变迁效应的贡献率。图8展示了经济总体结构变迁效应贡献率的波动趋势。

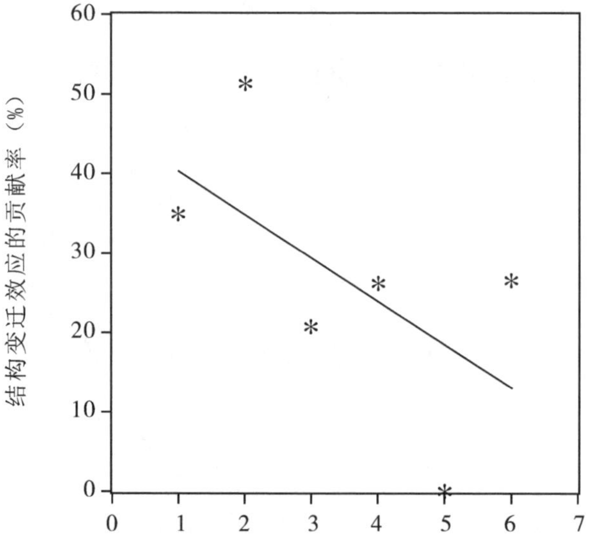

图8　经济总体结构变迁效应贡献率的趋势

尽管结构变迁效应的贡献率受到宏观经济的影响而呈现明显的波动性，但从长期来看，经济总体结构变迁效应的贡

① 之所以要划分成这样的六个时间间隔，是基于我们对1978—2006年中经济周期性波动的判断，我们尽量把经济周期包含于这些时间段之内，以便分析结构变迁效应和生产率增长效应的相对贡献率。

献率呈现下降的趋势。1990年之前，结构变迁效应的贡献率为35%～50%；1990年以后，结构变迁效应的贡献率则低于30%。在第五个时段（1998—2002年）中，结构变迁效应甚至趋向于零。

表3显示了六个时段中第一产业的结构变迁效应和生产率增长效应的数据。表3显示，20世纪80年代，第一产业的劳动生产率的增长主要是由于1978—1985年农业的制度变革（家庭联产承包责任制）将农业的劳动生产力在原有计划经济体制的藩篱中充分地释放出来，生产率增长效应达到0.195。在1985—1988年和1988—1991年两个时段中，第一产业的劳动生产率在原有制度变革导致增长的基础之上没有进一步地增长，生产率增长效应分别只有0.010和-0.020。在整个20世纪80年代中后期，第一产业结构变迁效应的负值表明了工业化进程中第一产业部门就业份额的降低，农业剩余劳动力持续地向第二产业和第三产业转移。

表3　第一产业的结构变迁效应的长期趋势

年份	劳动生产率增长率	结构变迁效应	生产率增长效应
1978—1985	0.140	−0.055	0.195
1985—1988	−0.004	−0.014	0.010
1988—1991	−0.019	0.001	−0.020
1991—1998	0.062	−0.061	0.123
1998—2002	0.014	0.001	0.013
2002—2006	0.047	−0.032	0.079

在经济的低迷期1988—1991年和1998—2002年中，第一产业结构变迁效应是正数，表明了第一产业的就业份额非但没有下降，而且在上升。所幸的是，1991年以后，第一产业

内部的劳动生产率仍然是显著增长的。尤其是1991—1998年和2002—2006年，第一产业的生产率增长效应基本达到甚至超过了经济总体的增长率水平。

由于第一产业的结构变迁效应和生产率增长效应的正负号不相同，我们难以计算第一产业的结构变迁效应和生产率增长效应的贡献率。在正常经济增长的情形（1978—1985年、1991—1998年、2002—2006年）中，第一产业的劳动生产率增长率大于0，结构变迁效应为负，生产率增长效应为正，这表明对于第一产业而言，由于技术进步引起的劳动生产率增长大于结构变迁导致的劳动生产率的降低。和第二产业、第三产业不同，如果第一产业的劳动生产率大于0，就表明了生产率增长效应大于结构变迁效应，也表明第一产业内出现技术进步和技术效率的变化。

其次，第二产业、第三产业的结构变迁效应贡献率的趋势。

同样地，我们分别计算了1978—1985年、1985—1988年，1988—1991年、1991—1998年、1998—2002年、2002—2006年的六个时段中第二产业、第三产业的结构变迁效应和生产率增长效应，以及它们对劳动生产率增长的贡献率，并绘成柱状图。图9是第二产业结构变迁效应的贡献率，图10是第三产业结构变迁效应的贡献率。

图9和图10显示，在1978—2006年期间，第二产业、第三产业的结构变迁效应的贡献率基本上是逐渐降低的。

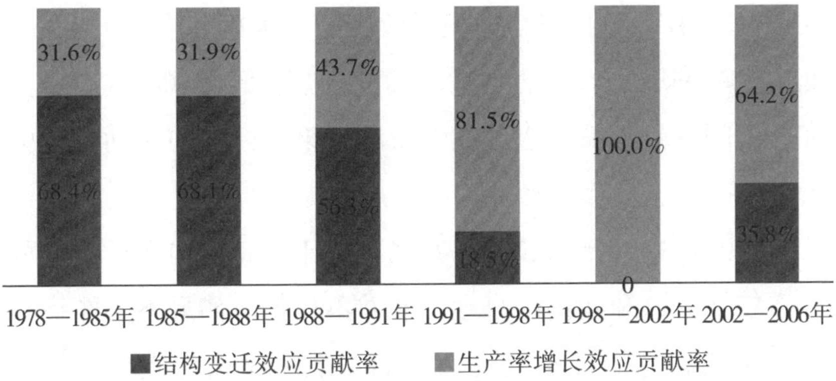

图9　第二产业的结构变迁效应贡献率

图9展示了第二产业的结构变迁效应贡献率的波动。如果一个产业的结构变迁效应的贡献率大于50%，那么表明这个产业内的劳动生产率增长主要不是由产业内技术进步和技术效率变化导致的，而主要是由资源的优化配置导致的。1991年之前（1978—1985年、1985—1988年、1988—1991年），第二产业的结构变迁效应贡献率大于50%，这表明改革开放的前期，由于我国市场刚刚放开，劳动生产率因制度变革引致资源优化配置而出现快速增长，加之我国正处于短缺经济时代，因此此时的经济增长基本上就是典型的短缺经济下由需求驱动的粗放式增长。当中国经济步入20世纪90年代以后，结构变迁效应贡献率明显下降，第二产业尤其是工业的资本积累、技术研发、产业升级被提上日程，这主要是因为供不应求的经济状况有所改变，最终，需求逐渐被满足，而市场竞争则越来越激烈，使得企业在原有的完全粗放的增长中不再有广阔的利润空间，企业不得不另谋发展路径。这种情形最典型的例子就出现在1998—2002年的通货紧

缩期间，第二产业的结构变迁效应的贡献率几乎为0，而产业内生产率增长效应的贡献率几乎占据全部份额。这表明，在此期间受到有效需求萎缩的影响，第二产业的劳动生产率增长几乎完全依赖于产业内的生产率提升。

1991—1998年和2002—2006年相比，其结构变迁效应贡献率较低，这和我们的直觉可能并不相符。如果不受经济周期的影响，那么结构变迁效应的贡献率应该是递减的。对此，我们有两点解释：首先，1991—1998年是第二产业尤其是工业的资本积累和技术创新的基础时段，资本积累和技术创新的边际报酬是递减的，因此1991—1998年，第二产业的生产率增长效应贡献率为82%，而2002—2006年，第二产业的生产率增长效应贡献率为64%，前者比后者高18个百分点。其次，结构变迁效应可能受到需求波动的影响，1991—1998年的经济波动性较大，如1994年出现通货膨胀，1998年则已经出现通货紧缩的苗头，而2002—2006年则被认为是相对平稳而健康地增长，因此2002—2006年的结构变迁效应贡献率较高。

图10展示了第三产业结构变迁效应的贡献率的波动情况。第三产业的结构变迁效应的贡献率的波动和第二产业类似。在1991年之前，除了1988—1991年期间，结构变迁效应和生产率增长效应几乎相等以外，其他时段中第三产业的结构变迁效应的贡献率大于60%。与第二产业不同的是，1991—1998年间，第二产业的结构变迁效应贡献率小于生产率增长效应贡献率，而第三产业结构变迁效应贡献率大于生产率增长效应贡献率。我们可以推断，第三产业增长方式的

转变是从1998年开始的，在1998年之前第三产业主要处于粗放式增长阶段，而1998年之后则进入以生产率增长为主的增长阶段。

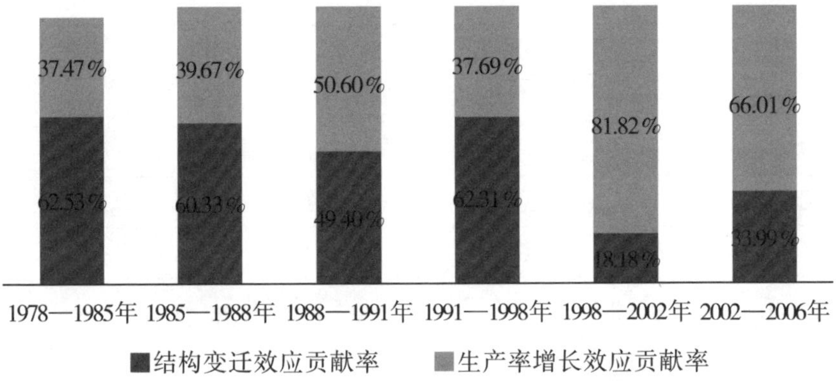

图10　第三产业的结构变迁效应贡献率[①]

从1998—2002年期间的情形来看，通货紧缩对于经济增长的影响并不都是负面的。有效需求的萎缩和供过于求的状况，使得企业只有降低生产成本、提高技术效率、加速技术进步，才能在剧烈的市场竞争中生存下来。因此，1998年可能是第三产业提高产业内技术效率、加快技术进步、转变经济增长方式的起点。图10显示，1998—2002年间，第三产业的生产率增长效应贡献率为82%，这是1978—2006年的6个时段中生产率增长效应贡献率最大的一个值，它表明了1998—2002年是28年中（1978—2006年）第三产业生产率增长最快的时段（见表4）。

①　图9和图10结构变迁效应（黑色柱）和生产率增长效应（灰色柱）之和就是劳动生产率的增长率，黑色柱在柱形中所占比例表示了结构变迁效应的相对重要性。

表4　第三产业的生产率增长效应和结构变迁效应

年份	劳动生产率增长率	生产率增长效应	第三产业的结构变迁效应
1978—1985	0.186	0.070	0.116
1985—1988	0.046	0.018	0.028
1988—1991	0.022	0.011	0.011
1991—1998	0.297	0.112	0.185
1998—2002	0.209	0.171	0.038
2002—2006	0.204	0.135	0.070

（二）中国（1986—2002年）产业结构变迁对全要素生产率增长的贡献

1. 全要素生产率的分解式

在一个非均衡的经济[①]中，不同产业部门的要素边际生产率不相等，要素和资源在不同部门之间的流动促进经济总体的全要素生产率（TFP）的提升，这就是产业结构变迁对提升资源配置效率、推动经济增长的作用。经济总体的总产出增长在扣除要素投入增长之后的部分可以分成两个部分：各个产业部门的平均全要素生产率增长和结构变迁导致的增长。

因此，计算结构变迁效应的基本方法就是对照总量水平（aggregate level）的TFP增长率和部门水平（sectoral level）的TFP增长率的差异。[②]假定生产函数是规模报酬不变和技

① 非均衡是指不同产业部门的要素边际产出不相等。

② 这里参考了Syrquin（1984年）使用的全要素生产率分解式。

术进步中性的可微函数：

$$Y_i=f^i(K_i, L_i, t) \quad (3)$$

其中 $i=1, 2, 3$，分别表示第一产业、第二产业、第三次产业，则各个产业部门的总产出增长率可以分解为：

$$G(Y_i)=\alpha_i G(K_i)+\beta_i G(L_i)+G(A_i) \quad (4)$$

其中$G(X)=(\mathrm{d}X/\mathrm{d}t)/X=\dot{X}/X$，$G(A_i)$就是 i 产业的全要素生产率TFP的增长率，$\alpha_i=f'(K_i)K_i/Y_i$是 i 产业的资本产出弹性，$\beta_i=f'(L_i)L_i/Y_i$是 i 产业的劳动产出弹性。因此，用部门变量表示的总产出增长率$G(Y)$表示为：

$$G(Y)=\frac{d(\Sigma_i Y_i)}{Y}=\Sigma\rho_i G(Y_i)=\Sigma\rho_i\alpha_i G(K_i)+\Sigma\rho_i\beta_i G(L_i)+\Sigma\rho_i G(A_i) \quad (5)$$

其中，$\rho_i=Y_i/Y$表示各个产业产值在总产值中所占的份额。然而，经济总量 Y 的增长率也可以用经济总体变量来表示：

$$G(Y)=\alpha G(K)+\beta G(L)+G(A) \quad (6)$$

其中$Y=\Sigma Y_i$，$K=\Sigma K_i$，$L=\Sigma L_i$，$\alpha=\Sigma\rho_i\alpha_i$，$\beta=\Sigma\rho_i\beta_i$，而$G(A)$就是总量水平的 TFP 的增长率。总量水平的 TFP 增长率$G(A)$和部门水平的 TFP 增长率加权平均值$\Sigma\rho_i G(A_i)$之间的差异就是结构变迁对经济增长的贡献——结构变迁效应。因此，结构总效应 TSE（Total Structural Effect）可表示为：

$$\mathrm{TSE}=G(A)-\Sigma\rho_i G(A_i)=\Sigma\rho_i\alpha_i G(k_i)+\Sigma\rho_i\beta_i G(l_i) \quad (7)$$

其中，$k_i=K_i/K$，$l_i=L_i/L$分别表示各产业部门的资本、劳动在资本、劳动投入总量中所占的份额。式（5）中右边第一项表明各产业部门的资本要素的结构变迁对全要素生产率的贡献，第二项表明各产业部门的劳动要素的结构变迁对全要素生产率的贡献。将$\alpha_i = f(K_i)\ K_i / Y_i$，$\beta_i = f(L_i)\ L_i / Y_i$，$G(k_i) = \frac{\dot{K}_i}{K_i} - \frac{\dot{K}}{K}$和$G(l_i) = \frac{\dot{L}_i}{L_i} - \frac{\dot{L}}{L}$代入式（7）即可得产业结构变迁对全要素生产率的贡献：

$$\mathrm{TSE} = \frac{1}{Y}\Sigma \dot{K}_i[f(K_i) - f(K)] + \frac{1}{Y}\Sigma \dot{L}_i[f(L_i) - f(L)] = A(f_K) + A(f_L) \tag{8}$$

其中$f(K_i)$和$f(L_i)$分别表示i产业部门的资本和劳动的边际产出，而$f(K)$和$f(L)$分别表示经济总体的资本和劳动的边际产出。

式（8）中的$A(f_K)$和$A(f_L)$分别表示资本和劳动要素市场的产业结构变迁效应，即它们分别表示资本和劳动在不同部门之间流动带来的全要素生产率增加。式（8）的含义简单明了：如果资本（劳动）要素在那些可以取得高于平均水平的边际报酬（$f(K_i) - f(K) > 0$或$f(L_i) - f(L) > 0$）的产业中的份额增长较快，那么资本（劳动）的结构变迁效应较大；反之，如果资本（劳动）要素在那些取得低于平均水平的边际报酬（$f(K_i) - f(K) < 0$或$f(L_i) - f(L) < 0$）的产业中的份额增长较快，那么资本（劳动）的结构变迁效应较小。

当一个经济中不同产业部门的资本和劳动要素的边际产出都趋同时，和才会同时趋向于0，结构总效应 TSE 才会消失。此时，如式（5）和式（6）所示，总量视角下投入的贡献和不同产业部门投入的加权平均的贡献才会相等，而总量视角下的TFP增长率和各产业的TFP增长率的加权平均值才会相等。而当不同产业的要素边际报酬不相等，那些要素边际报酬高于平均水平的产业提高了资本（劳动）要素的份额，则用式（5）估计各个产业的全要素生产率的贡献就会出现低估，式（6）和式（5）之间的差异就是结构变迁效应TSE。

2．数据说明

为了计算结构变迁效应在TFP增长率中的贡献率，不仅要计算结构变迁效应的数值，即根据式（8）计算TSE，而且要计算TFP增长率，即根据式（6）计算$G(A)$。式（8）和式（6）的意义是简单明了的，但由于数据的局限性，计算结构变迁效应的贡献率并不那么容易。前者要求我们知道经济总体和各个产业的资本、劳动的存量变化量以及它们的边际报酬，后者要求我们知道经济总体和各个产业的资本、劳动的存量增长率以及它们的产出弹性。因此，我们面临三个任务：①计算经济总体和各产业的资本和劳动的边际报酬；②计算经济总体和各个产业的资本和劳动的产出弹性；③计算总体和各个产业的资本和劳动的存量及其变化。资本和劳动的产出弹性可以通过统计回归的方法直接估算，也可以通过产出弹性的公式（$\alpha_i = f(K_i) K_i / Y_i$是资本的产出弹性，$\beta_i = f(L_i) L_i / Y_i$是劳动的产出弹性）计算得到。要素产出弹性的两种方法各有利弊，本文为了保持方法和数据的一致性，使用弹性公式直接计算要素产出弹性。因此，三个任务就变成两个任务：①计算经济总体和各产业的资本和劳动的边际报酬；②计算总体和各个产业的资本和劳动的存量及其变化。

我们可以在收入法国内生产总值中找到资本和劳动的报酬："劳动者报酬"就是收入法国内生产总值中劳动的总报酬，"劳动者报酬"在收入法国内生产总值中所占的比例就是劳动的产出弹性；"生产税净额""营业盈余""固定资产折旧"三项之和就是收入法国内生产总值中的资本总所得，"生产税净额""营业盈余""固定资产折旧"三项之和在收入法国内生产总值中所占的比例就是资本的产出弹性。值得注意的是，各年的中国统计年鉴中只有各地区收入法国内生产总值的数据表，没有全国收入法国内生产总值的表项，也没有全国分行业的收入法国内生产总值。唯一的数据来源是国家统计局公布的全国投入产出表（共有1987年、1990年、1992年、1995年、1997年、2002年六张表）。我们可以在这些投入产出表上找到分析所需的绝大部分数据。

另外，分析中仍缺少两项数据：劳动的存量及其增量、资本的存量及其增量。其中劳动的存量、劳动的增量、资本的增量（资本形成总额）很容易在中国统计年鉴上找到，或者通过简单演算得到。但是，资本存量的计算却是一个很大的问题。在这里，我们引用薛俊波（2007年）的结论，该文在投入产出表的基础上估算资本存量，与本文所用的数据口径一致。[①]

① 薛俊波（2007年）估算资本存量至2000年，在他的基础上，我们通过永续盘存法计算了2001年和2002年的资本存量。

3．结构变迁效应的求解和分析

为了分析产业结构变迁对经济增长中的相对贡献，结合式（4）和式（5），可以把式（8）重新表述为：

$$G(Y)=aG(K)+\beta G(L)+\sum\rho_i G(A_i)+TSE \quad (9)$$

在式（9）中，GDP增长被分成四个部分：①资本投入增长的贡献 $\alpha G（K）$；②劳动投入增长的贡献 $\beta G（L）$；③各产业的技术进步的贡献的加权平均值 $\sum\rho_i G(A_i)$，我们称之为“净技术进步效应”；④产业结构变迁效应 TSE 。其中全要素生产率被分成技术进步效应和产业结构变迁效应两个部分。全国投入产出表的“初始投入表”中有“劳动者报酬”“生产税净额”“营业盈余”“固定资产折旧”四项。其中第一项就是劳动的总报酬 $f(L_i)L_i$，而后三项之和就是资本的总报酬 $f(K_i)K_i$，再引入资本存量 K_i 和劳动力存量 L_i 的数据，我们就能计算得出资本的边际报酬 $f(K_i)$ 和劳动的边际报酬 $f(L_i)$ 。利用这些数据，可以计算出如表5所示的各项结果。

表5　各个因素对经济增长率的贡献率（%）

年份	劳动增长的贡献率	资本增长的贡献率	全要素生产率增长贡献率	其中	
				产业结构变迁效应	净技术进步效应
1986—1990①	10.7	84.2	5.1	—	—

① 由于数据缺乏，我们没有利用1987年的投入产出表，只计算了1990—2002年的结构效应。1986—1990年的结果，我们借用张军扩（1991年）的结论，放在这里作为参照。但张军扩的文章中没有计算产业结构变迁效应和净技术进步效应。

（续表）

年份	劳动增长的贡献率	资本增长的贡献率	全要素生产率增长贡献率	其中	
				产业结构变迁效应	净技术进步效应
1990—1992	9.1	79.5	11.4	58.2	41.8
1992—1995	5.9	80.4	13.7	42.3	57.7
1995—1997	5.6	74.3	20.1	34.9	65.1
1997—2002	3.5	68.0	28.5	11.3	88.7

表5清楚地表明了经济增长的各个因素的贡献。正如克鲁格曼（1994年）在他文章《亚洲奇迹的神话》所说的，大部分东亚国家和地区的经济增长主要依靠增加投资。不少学者对克鲁格曼的研究提出了质疑，我们认为在跨国数据比较中，虽然传统的全要素生产率计算方法不能充分地度量资源配置效率提升和技术进步，但是在时序数据对比中，仍然能表现出要素投入增长和全要素生产率增长对一国经济增长贡献份额的波动规律，也不妨碍我们解释产业结构变迁和技术进步对经济增长的影响规律。刘伟、蔡志洲（2008年）通过对中国投入产出表中直接消耗系数矩阵的动态对比分析，研究了1992—2005年技术进步和产业结构对以中间消耗率反映的经济增长效率的影响。研究结论表明，20世纪90年代中期以后，产业结构变化对以中间消耗率反映的经济增长效率没有作出显著贡献。这也从另外一个角度佐证本文的观点：包括中国在内的许多亚洲新兴市场化国家一般都处于这样一个

较多地依赖要素投入增加和人均资本存量增长的工业化早期发展阶段；随着工业化的深入，中国经济的增长将更多地依赖于全要素生产效率的提高，表5中我国经济增长中劳动、资本增长贡献率总体呈现下降趋势和全要素生产率增长贡献率总体呈现上升趋势的动态变化过程也有力地显现了我国经济持续高速增长的内在根源。在未来的经济增长中只要能够在新技术和新产业占领一席之地，新兴市场化国家的经济增长仍然是可持续的。

在1990—2002年期间，我们可以看到两个趋势：①要素投入增长的贡献率和全要素生产率增长的贡献率呈现此消彼长的趋势（虽然资本投入的贡献不是一直上升的）；②在全要素生产率内部，产业结构变迁效应和净技术进步效应呈现此消彼长的关系。前者和Chenery（1986年）对所有工业化国家的研究有着相似的结论；后者则得出了与劳动生产率分解式分析中相似的结论，也是本文最重要的一个结论，即产业结构变迁所代表的市场化的力量对我国长期经济增长的贡献正在逐渐地让位于技术进步的力量。

（三）产业结构变迁对经济增长的贡献的趋势分析

产业结构变迁对经济增长的推动作用为什么正在减弱，结构变迁效应的贡献率为什么正在下降呢？如果把结构变迁效应比作资源非效率配置和资源有效率配置之间的落差[①]形

① 这种落差可能是体制原因造成的，比如计划经济体制下重工业和轻工业比例的失调，也可能是发展原因造成的，比如发达国家工业革命之前农业劳动生产率和工业劳动生产率的差距。

成的势能，势能的做功主体就是市场这只“看不见的手”。随着资源配置效率的落差不断缩小，产业结构变迁过程中释放的势能（结构变迁效应）也将逐渐减小。

下文的分析将表明，资源配置效率的落差确实正在缩小——不同产业的要素边际报酬正在趋同。但是，由于某些历史因素，某些层面的要素配置效率的落差在短时间内难以弥合。由于某些制度的因素，要素出现“反效率配置”的现象：第二产业存在资本过度配置现象，资本正在“挤出”劳动，第三产业存在劳动过度配置现象，劳动生产率偏低。这些反效率的资源配置不仅使得已有的资源配置效率的落差没有很好地被利用，而且扩大了资源配置效率的落差。

这一结论一方面表明，中国经济现实中的资源配置效率的落差并没有消失，未来中国经济增长的潜力仍然是十分巨大的，另一方面也表明消除反市场的因素、完善市场机制的工作仍然任重而道远。

1. 资源配置效率落差持续存在的发展和体制原因

资源配置效率的落差将持续存在的发展和体制原因主要有：

首先，城乡二元结构的差异是产生资源配置效率落差的重要原因。由于城乡二元经济结构的持续存在，一方面，农村剩余劳动力呈现“无限供给”的状态，劳动价格保持在较低的水平上，另一方面，社会需求由于受到人均收入增长的限制而缓慢增长，在一个较低的劳动价格水平上消化几乎无限量的农村剩余劳动力尚需一个漫长的过程，因此就业结构的变迁会持续存在，这对于所有正处于城市化和工业化进程中的国家而言都是相同的。

其次，我国的市场化改革是渐进式改革，这使得市场机制逐渐释放它的巨大作用。在改革开放的进程中，先放开了产品市场，再放开要素市场，这使得市场机制的优化配置功能是分阶段、逐步发挥作用的。即便是市场完全放开了，但完全充分有效的市场也只是在理论上存在，现实中的市场总有各种缺陷和障碍。

2．要素的反效率配置及其原因

我们利用1992年和2002年的投入产出表，计算各个产业的资本和劳动所占份额、各个产业的资本和劳动的边际报酬，以及各个产业的资本劳动比和劳动生产率。表6、表7和表8的结果大致显示了各个产业的资源反配置效率的状态。这些反效率的资源配置不仅使得已有的资源配置效率的落差没有被很好地利用，而且扩大了资源配置效率的落差。

表6　资本的结构变迁

项目	资本投入变化（亿元）	1992年资本投入所占份额	2002年资本投入所占份额	1992年资本边际报酬（元/1元资本）	2002年资本边际报酬（元/1元资本）
经济总体	91780.0	100%	100%	0.3359	0.2449
第一产业	3073.4	5.1%	3.9%	0.4131	0.3309
第二产业	45215.0	38.9%	46.1%	0.4975	0.2753
第三产业	43491.6	56.0%	50.0%	0.2166	0.2102

表6显示，从资本份额的变化来看，第一产业、第三产业的资本投入所占份额都在下降，而第二产业的资本投入所占份额在上升（第3列和第4列），这表明资本都向第二产业（主要是工业）集中，新增资本主要在第二产业中形成，甚至一部分旧有资本也在向第二产业转移。另外，经济总体和三大产业的资本边际报酬普遍在下降，由于这里资本的边际报酬近似于毛利润率，可以认为资本的毛利润率普遍在下降，这和一些研究的结论[①]是一致的。其中，第二产业的毛利润率下降最迅速，而且从1992年的第一名降至第二名，第一产业的资本边际报酬也有显著下降，但相对较慢，而第三产业的毛利润率下降幅度最小，几乎持平，但一直低于第一产业、第二产业的毛利润率。

从资本边际报酬的变化来看，第二产业尤其是工业的资本深化加速，资本产出比提高过快，导致资本的边际报酬递减过快。这一现象导致两个结果：①资本的边际报酬递减过快，导致投资需求的增长将会趋缓，产出增长率可能会下降；[②] ②如果工业部门的资本深化过快，在新增的产出中每单位资本只能带动更少的劳动，这将导致第二产业所能带动的就业份额不断下降（见表7）。

① 唐志宏（1999年）研究发现，中国的平均利润率的增长率为-0.5%，即资本的平均利润率不断下降。虽然唐志宏（1999年）计算的是净利润率，但如果折旧率和税率没有显著变化，毛利润率也是下降的。

② 张军（2002年）认为，资本深化过快导致资本的边际报酬下降加速，是20世纪90年代中后期的GDP增长率下降的主要原因。

表7　劳动要素的结构变迁

项目	劳动投入变化（万人）	1992年劳动投入所占份额	2002年劳动投入所占份额	1992年劳动的边际报酬（元/人）	2002年劳动的边际报酬（元/人）
经济总体	7588	100.0%	100.0%	1712	4127
第一产业	-1829	58.5%	50.0%	1197	1865
第二产业	1425	21.7%	21.4%	2462	7367
第三产业	7992	19.8%	28.6%	2412	5659

表7显示，第一产业的劳动份额显著下降，这表明劳动要素正在从农村流向城市的第二产业、第三产业部门，这自然是中国城市化和工业化的结果。但是，第二产业的劳动份额只是略有下降，这也印证了表7的结论：第二产业吸纳劳动的速度正在下降，资本可能正在“挤出”劳动。

从劳动的边际报酬看，不同产业劳动边际报酬的差距在扩大，其中第二产业的劳动边际报酬增长至原来的近3倍，第三产业的劳动边际报酬也翻了一番，而第一产业的劳动边际报酬上升幅度很小。

表8显示，1992—2002年，第三产业的资本劳动比大幅上升，从低于第二产业变为高于第二产业，表明第三产业吸纳劳动的能力很强。如果说第二产业的资本“挤出”了劳动，那么第三产业劳动相对地“挤出”了资本。1992—2002年，第三产业的就业弹性为0.278，而第二产业的就业弹性为

0.067，第三产业创造就业的能力大约是第二产业的4倍。

表8 资本劳动比和劳动生产率

项目	资本劳动比率（万元/人）		劳动生产率（元/人）	
	1992年	2002年	1992年	2002年
经济总体	0.62	1.80	3786	8532
第一产业	0.05	0.14	1421	2329
第二产业	1.11	3.87	7964	18027
第三产业	1.74	3.15	6191	12271

表8显示第三产业的劳动生产率增长速度较低，其增长速度只有第二产业的2/3。结合第二部分的分析可知，第三产业的劳动生产率增长过多地依赖于规模扩张，其技术密集度和资本密集度都有待提高。

当然，出现要素的反效率配置的原因十分复杂，主要是我国的市场制度还有待完善。首先，从宏观层面来看，尽管普通商品的价格可以自由定价，但是资本和劳动要素的自由定价目前还受到相当程度的限制；其次，从微观层面来看，产权改革还在深化过程中。

（四）结论

本文将技术进步和产业结构变迁从要素生产率中分解出来，实证度量了产业结构变迁对经济增长的贡献，并将其与技术进步对经济增长的贡献相比较。研究表明，改革开放以来，产业结构变迁对中国经济增长的影响一度十分显著，但是，随着我国市场化程度的提高，产业结构变迁对经济增长的推动作用正在不断减弱。20世纪80年代，结构变迁效应的贡献率一直大于50%，产业结构变迁对经济增长的贡献甚至超过了技术进步的贡献；90年代初期和中期，产业结构变迁对经济增长的贡献和技术进步的贡献基本持平；1998年以后，产业结构变迁对经济增长的贡献变得越来越不显著，逐渐让位于技术进步，即产业结构变迁所代表的市场化的力量已经逐步让位于技术进步的力量。这样，克鲁格曼（1994年）所指出的不可持续的东亚增长模式与我国1998年之前的经济增长模式是比较类似的。不过1998年之后我国经济增长过程中，一方面要素投入增长的贡献率逐步降低而全要素生产率增长的贡献率则不断提升，另一方面，在全要素生产率内部，产业结构变迁效应和净技术进步效应也呈现出了此消彼长的关系。由此可见，1998年之后我国经济增长模式已经越来越体现出了其自身的可持续性。从1998年开始，落实科学发展观、转变增长方式、提升技术创新能力对于中国而言也就已经不再是一个简单的口号，而是实现中国长期经济持续增长的必由之路。

本文研究也发现，产业结构变迁对中国经济增长贡献的减弱并不表明市场化改革带来的收益将会归零。若干发展和制度的因素还会导致市场机制难以充分有效地发挥作用，这些发展和体制的因素既表明未来中国经济增长的潜力仍然是十分巨大的，也表明中国完善市场机制的工作仍然会持续下去。

参考文献

［1］刘伟，蔡志洲．技术进步、结构变动与改善国民经济中间消耗［J］．经济研究，2008（4）．

［2］唐志宏．中国平均利润率的估算［J］．经济研究，1999（5）．

［3］薛俊波．中国17部门资本存量的核算研究［J］．统计研究，2007（7）．

［4］张军．增长、资本形成与技术选择：解释中国经济增长下降的长期因素［J］．经济学（季刊），2002（1）．

［5］张军扩．“七五”期间经济效益的综合分析：各要素对经济增长贡献率测算［J］．经济研究，1991（4）．

［6］Chenery HB，Robinson S，Syrquin M. Industrialization and growth：a comparative study.Oxford University Press，1986：48–52.

［7］Fagerberg J.Technological progress， structural change and productivity growth：a comparative study. Structural Change and Economic Dynamics，2000，11：393–411.

［8］Krugman P.The myth of Asia’s miracle：a cautionary fable.Foreign Affairs，1994，73：62–78.

［9］Peneder M.Industrial structure and aggregate growth. Structural Change and Economic Dynamics，2003，14：427–448.

[10] Syrquin M.Resource allocation and productivity growth//Syrquin M, Taylor L, Westphal LE.Economic structure performance essays in honor of Hollis B.Chenery.Academic Press, 1984: 75–101.

[11] Timmer PM, Szirmai A.Productivity growth in Asian manufacturing: the structural bonus hypothesis examined. Structural Change and Economic Dynamics, 2000, 11: 371–392.